2019年
网络舆情
热点扫描

陈志伟 刘春阳◎编著

国际文化出版公司
·北京·

图书在版编目（CIP）数据

2019 年网络舆情热点扫描／陈志伟，刘春阳编著.
—北京：国际文化出版公司，2020.9
ISBN 978-7-5125-1240-5

Ⅰ.①2… Ⅱ.①陈… ②刘… Ⅲ.①互联网络－舆论
－研究－中国－2019 Ⅳ.① G219.2

中国版本图书馆 CIP 数据核字（2020）第 163558 号

2019 年网络舆情热点扫描

编　　著	陈志伟　刘春阳	
责任编辑	崔雪娇	
出版发行	国际文化出版公司	
经　　销	全国新华书店	
印　　刷	河北盛世彩捷印刷有限公司	
开　　本	710 毫米 ×1000 毫米	16 开
	15 印张	224 千字
版　　次	2020 年 9 月第 1 版	
	2020 年 9 月第 1 次印刷	
书　　号	ISBN 978-7-5125-1240-5	
定　　价	59.00 元	

国际文化出版公司
北京朝阳区东土城路乙 9 号　　　　邮编：100013
总编室：（010）64271551　　　传真：（010）64271578
销售热线：（010）64271187
传真：（010）64271187-800
E-mail：icpc@95777.sina.net

本书参编作者：（按姓氏笔画排序）

于祖波　王　辉　王召伟　牛一丹　龙晓蕾

许凌筠　钟　欢　解　峥　詹嘉措

前　言

　　本书从时政、经济、社会、网络四个维度梳理了2019年的网络舆情热点，勾勒出2019年网络舆论场的概貌。无论事实描述还是评论分析，都力图客观理性，以重现网络舆情的演变，进而呈现网络如何反映、理解并塑造社会现实。

　　本书是这一系列专著的第三本，延续了2017年、2018年两本书的架构，可与此前年份互相对照，为读者搭建起一条观察年度网络舆情大势的历史通道，对于长期关注我国社会发展和网络舆情的读者将有所裨益。

　　相信读者朋友们一定能从这本有内容有思考的书中忆起"网事"，找到共鸣。

目 录

经济篇

网络篇

时政篇

第一章　国庆70周年：波澜壮阔铸辉煌

2019年是中华人民共和国成立70周年。70年来，在中国共产党的领导下，在中国人民及海内外华人同胞的共同努力下，中华民族实现了从站起来、富起来到强起来的历史性飞跃。70年的开创奋斗，70年的崛起发展，70年的沧桑巨变，中华人民共和国取得了举世瞩目的辉煌成就。在中华人民共和国70华诞之际，各大网络平台紧密围绕中华人民共和国成立70周年庆祝主题，积极策划多种多样的纪念活动，舆论的参与热情被极大地激发出来，媒体、网民纷纷回顾中华人民共和国70年取得的历史成就，沉浸于中华人民共和国70周年的盛世庆典，展望中华民族伟大复兴的辉煌未来，传递出14亿中华儿女站在新的历史起点上为实现伟大梦想接续奋斗的坚强决心。

第一节　伟大历程：回首往昔峥嵘岁月

2019年10月1日，习近平总书记在庆祝中华人民共和国成立70周年大会上满怀深情地向世界宣告："70年前的今天，毛泽东同志在这里向世界庄严宣告了中华人民共和国的成立，中国人民从此站起来了。这一伟大事件，彻底改变了近代以后100多年中国积贫积弱、受人欺凌的悲惨命运，中华民族走上了实现伟大复兴的壮阔道路。70年来，全国各族人民同心同德、艰苦奋斗，取得了令世界刮目相看的伟大成就。今天，社会主义中国巍然屹立在世界东方，没有任何力量能够撼动我们伟大祖国的地位，没有任何力量能够阻挡中国人民和中华民族的前进步伐。"14亿中国人民的记忆被拉回到70年前，沿着共和国走过的路一步步追寻，为祖国70年取得的辉煌成就而骄傲自豪。

主流媒体纪念活动异彩纷呈提前预热

对中华人民共和国70年伟大历程、辉煌成就的回顾其实早在国庆庆典前100天就已如火如荼地开展起来。7月1日，央视网特别节目《壮丽70周年 奋斗新时代——记者再走长征路主题采访 文化文艺慰问活动》开播掀起收视热潮，光明网在网页开设专题对记者再走长征路全程跟踪报道；7月22日至8月21日，庆祝中华人民共和国成立70周年大型直播特别节目《共和国发展成就巡礼》在央视网播出，深受网民喜爱；9月23日，"伟大历程 辉煌成就——庆祝中华人民共和国成立70周年大型成就展"在北京开幕，网上展馆于9月29日发布上线，沉浸式、漫游式的观展体验，受到舆论好评。①

中央电视台、人民日报、新华社三大中央媒体引领"新中国成立70周年"话题议程设置，融合媒体策划方式成为突出亮点。7月份以来，三大中央媒体精心开展了一系列融媒策划，产生了许多传播广、互动性强、科技含量高的融媒体产品，利用融媒体产品展现了中华人民共和国成立70年来取得的辉煌成就。

---

① "伟大历程　辉煌成就——庆祝中华人民共和国成立70周年大型成就展"网上展馆全面上线.新华网，9月30日.

表1-1　国庆前夕三大央媒关于中华人民共和国成立70周年热点话题

序号	主题	媒体	形式	热度指数
1	"我和国旗同框"主题活动	中央电视台	线下活动/灯光秀／明星／抽奖	97.33
2	"30天表白祖国"微博话题活动	《人民日报》	微博话题	97.33
3	原创爱国歌曲专辑《声在中国》	新华社	报道/音乐专辑/演唱会	95.85
4	"人民记忆·70年70城"大型采访拍摄活动	中央电视台《人民日报》	短视频	87.72
5	"60万米高空看中国"系列视频	新华社	视频	86.92
6	"中国24小时·地方篇"系列微视频	《人民日报》	微视频	81.14
7	开学第一课，我为祖国升国旗	中央电视台	电视节目	76.88
8	大型文献专题片《我们走在大路上》	中央电视台	专题片	75.83
9	"时光博物馆"活动	《人民日报》	巡回展出/线下活动	73.30
10	"同唱一首歌　祝福新中国"全民K歌致祖国活动	中央电视台	线上活动/APP/H5	72.43

数据来源：清华大学新闻与传播学院新媒体中心彭兰教授团队中华人民共和国成立70周年庆祝主题网络传播大数据报告

"请给我一面国旗"点燃浓烈爱国情

9月24日，几乎每个人的微信朋友圈都被"请给我一面国旗"这样一条信息刷屏。不少人在朋友圈"排队"许愿，祈求微信官方能给自己的头像挂上一面国旗。这就是腾讯新闻推出的"迎国庆换新颜"活动，可以给微信头像加上小国旗、70纪念徽章和"国庆快乐"的图案或文字。据了解，不到半天时间，参与该活动的人数就超过2亿。这次国旗刷屏传递出亿万中国网民"我是中国人，我骄傲"的爱国自豪感。有网民跟帖向祖国深情表白："我是中国人，我骄傲，我自豪！我爱你国旗，向你致敬！请给我头像安排一面国旗！""我一直有一个愿望：我愿意生生世世，无论贫穷富贵，生老病死，无论怎样，无论如何，都是中国人。"

大河网评论，在中华人民共和国成立70周年前夕，这么多人选择在网上自发跟随，把"给我一面国旗"当作一场爱的接力，足见拳拳爱国之心。感恩中华人民共和国、奋斗新时代，成为人们表达爱国之情再自然不过的一种情感。东方网评论，"给我一面国旗"的爱国小游戏瞬间火爆，说明一个问题，爱国是人们心中最执着的追求，没有国就没有家，没有家就没有幸福可言。百姓已经深深懂得了这样的道理，正是因为知道了岁月静好背后所蕴藏的国家付出、国家力量，才有了"给我一面国旗"小游戏的火爆。

开国大典彩色视频复原震撼人心

9月21日，中央档案馆公布一批精选馆藏珍贵档案文献，其中，就有以俄罗斯联邦档案部门提供的开国大典彩色影片为基础剪辑制作的开国大典影像档案。在短短12分钟的开国大典高清彩色影像中，一声振聋发聩的"中华人民共和国中央人民政府今天成立了"，让无数网民再次泪目。这段开国大典历史影像经过修复后的彩色4K画面视频在各大网站、微信朋友圈被疯狂转发、点赞，激发起舆论对开国领袖和老一辈无产阶级革命家的深切缅怀。同时，作为庆祝中华人民共和国成立70周年的献礼之作，主旋律电影《决胜时刻》给观众准备了一个大"彩蛋"——片尾播放时长4分钟的开国大典彩色纪实影像。这是开国大典历史影像资料第一次以彩色超清画质出现在大荧幕上。

央视网刊载评论文章《开国大典复原照为何能震撼人心？》称，开国大典，中华人民共和国沧桑巨变的起点，深深烙印在国人的集体记忆中。在课本上、在影视作品里，每每读到、听到、看到这一历史时刻，那份激情与澎湃总会油然而生。图片是凝固的历史，影像是岁月的再现。感动源于巨变与飞跃，也源于历史影像带来的那份真切。《扬子晚报》认为，这份宝贵资料不仅肩负着将中国最经典时刻永久留存的使命感，也赋予了经典作品在数字时代获得重生的机会。

中国女排卫冕世界杯深情献礼

9月29日，从2019女排世界杯赛场传来捷报，中国队女排3比0击败阿根廷，以本届世界杯11战全胜的战绩，赢得冠军。新华社等各大媒体纷纷以《十一连胜庆十一》为题推送快讯，祝贺中国女排夺冠为中华人民共和国70周年献了一份好礼。媒体报道时注意到一个细节，在中国女排夺冠的颁奖仪式上，女排姑娘们缓缓拉开一个横幅，出现了几个大字："祖国，祝您生日快乐！"

"中国女排夺冠""女排精神"迅速刷屏网络，舆论纷纷为中国女排喝彩，认为女排夺冠是"最好的国庆献礼"。光明网等主流媒体也感叹称，这个礼物弥足珍贵。还有网民创作诗歌致敬女排夺冠——"金秋巾帼下东瀛，美巴豪强都扫平，女排精神燃激情，几乎场场三比零，暴扣似锤有朱婷，笑颜如花张常宁，最佳二传丁接应，一句我去扣不停，唯有淡定是郎平，献礼国庆你最行！"

女排姑娘的胜利获得了习近平总书记的关注。9月30日，习近平总书记专门邀请中国女排队员、教练员代表，参加庆祝中华人民共和国成立70周年招待会。10月1日，中国女排亮相国庆游行，中国女排队员和郎平教练都出现在国庆游行的彩车上，压轴亮相。这个彩车上写着"祖国万岁"！

主旋律影片燃爆国庆档

国庆期间，《我和我的祖国》《中国机长》《攀登者》三部主旋律影片强势上映，燃爆国庆期间各大影院。最受瞩目的要数国庆献礼电影《我和我的祖国》，票房超过31亿，也是华语史上第一部破30亿的国庆档大片。影片聚焦7个重大历史瞬间，回顾中华人民共和国70年峥嵘岁月，开国大典、香港回归、北京奥运等令国人刻骨铭心的全民记忆席卷而来，勾起一段段难以磨灭的刻骨铭心，也为从未亲历过这些大事的年轻一代搭起了解祖国历史进程的纽带。

自媒体企鹅号上，有党员干部写下观影体会："这样的电影注定是要带着纸巾去看的……爱国的情怀真的是根植在每个华夏儿女的血脉深处。"腾讯网《2019年电影市场国庆档满意度状况》认为，2019国庆档三部影片是中国电影人对中华人民共和国70华诞的庄重致敬，创作者通过类型化创作和艺术创新，与观众强烈的爱国情和昂扬的精神气形成巧妙共振，扩展了献礼片的题材宽度，提升了主旋律的创作高度，实现了为民族立心铸魂、为人民抒写放歌的责任担当。

中华人民共和国70年伟大成就赢得海外舆论赞誉

境外主流媒体、智库、学者关于中华人民共和国成立70周年的讨论热度持续走高。话题方面，境外舆论广泛讨论我国政治、经济、文化、军事、外交、科技等各领域的发展成就。新加坡《联合早报》发表文章盛赞，在过去的70年里，中国走完了发达国家几百年走过的发展历程，经济总量跃居世界第二，近14亿人民摆脱了物质短缺，总体达到小康水平。70年来，中国经济实力显著增强，科技发展成就显著，对外贸易持续增加，人民生活极大改善，国际地位和国际影响力显著提升。放眼二战后独立的发展中国家，中国的发展成就举世瞩目，中国的发展经验也格外值得研究与学习。来自全球五洲四海的国际人士发表《中国各个地方都散发着前进的活力》《中国将创造更多绿色发展奇迹》《中国为创新打下坚实基础》等一系列文章，从不同的角度讲述亲历故事，畅谈中华人民共和国70年光辉历程和发展成就，为中华人民共和国70年发展的峥嵘岁月增添新的诠释与注解。摩洛哥驻华大使撰文《中国各个地方都散发着前进的活力》盛赞，"中国的成功经验对发展中国家具有示范效应，传递着鼓舞人心的榜样力量……在华的工作生活经历将成为我人生最美好的印记。"

第二节　伟大成就：唱响今朝时代赞歌

国庆活动每每都是中国读懂自己以及世界读懂中国的重要窗口，而2019年中华人民共和国成立70周年的国庆庆典更是打开了一扇大大的瞭望之窗。10月1日，庆祝中华人民共和国成立70周年大会、阅兵仪式、群众游行、首都国庆联欢活动等一系列盛世庆典隆重举行。现场气势恢宏，威武雄壮，礼炮轰鸣响彻云霄，国歌嘹亮振奋全场，天安门队伍激昂、人群欢乐……国庆活动让人民沉浸在祖国生日的气氛里。与现场一起沸腾的，还有网上的舆论。10月1日当日网上关于"国庆"的信息超过3000万条，习近平在庆祝大会上的重要讲话、阅兵式、群众游行无疑成为舆论最为关注的国庆话题。

习近平讲话引网络舆论同频共振

10月1日，中共中央总书记、国家主席、中央军委主席习近平在庆祝中华人民共和国成立70周年大会上的讲话引发网上舆论热烈反响。网站、客户端、微信公众号等各大媒体均在第一时间刊发讲话全文，新华网刊文《三个"万岁"！习近平喊出中国最强音！》，人民日报客户端刊文《金句转存！习近平：伟大的中华人民共和国万岁！》，央视新闻微信公众号刊文《习近平：伟大的中华人民共和国万岁！》，新华社微信公众号刊文《这就是中国的昨天、今天和明天！》。网民则通过微信朋友圈、微博、抖音等渠道与官方媒体同频共振，表达对中华人民共和国生日的祝福和对14亿中华儿女携手奋斗，实现中华民族伟大复兴，共圆"中国梦"的坚强信心和强烈愿望；"没有任何力量能够阻挡中国人民和中华民族的前进步伐""不断满足人民对美好生活的向往，不断创造新的历史伟业""不忘初心，牢记使命，继续把我们的人民共和国巩固好、发展好"等金句在自媒体被广泛转发、点赞，引起强烈共鸣。

央广网评论称，在庆祝中华人民共和国成立70周年大会上，习近平总书记发表重要讲话，深情回望70年前中华人民共和国成立这一伟大事件，赞扬70年来全国各族人民取得的令世界刮目相看的伟大成就，宣示前进征程上不断创造新的历史伟业的坚强决心和坚定信心，号召全党全军全国各族人民继续把我们的人民共和国巩固好、发展好，继续为实现"两个一百年"奋斗目标、实现中华民族伟大复兴的中国梦而努力奋斗，成为中国人民和中华民族在新时代迈向新辉煌的宣言书和动员令。境外舆论普遍认为，讲话深刻总结了70年来中国发展的历史经验，阐明了中国坚定走和平发展道路的决心和面向未来的信心。拉丁美洲通讯社、新加坡《联合早报》等在报道中称，"没有任何力量能够阻挡中国人民和中华民族的前进步伐"凸显了无论外界环境如何变化，中国始终抱有不惧风险、坚定发展的决心。美国全国广播公司财经频道（CNBC）和美国有线电视新闻网（CNN）均报道称，习近平10月1日上午在中国北京天安门城楼上，发表庆祝中华人民共和国成立70周年演讲。两篇消息提到，面对着庆贺的人潮和手上不停挥舞的鲜红色国旗，站在中华人民共和国开国元首毛泽东1949年10月1日正式宣布中华人民共和国成立的地方，习近平称："今天，是社会主义中国站在了世界舞台上。""没有任何力量能阻挡中国人民和中华民族的前进步伐。"

阅兵式亮点纷呈激发强烈自豪感

国庆70周年阅兵共有1.5万人参阅，各型飞机160余架、装备580台套，气势恢宏、亮点纷呈，大大激发14亿中国人民的民族自豪感和自信心。

亮点一：现役装备成为重器"网红"

此次国庆70周年阅兵所有受阅装备均为国产现役主战装备，40%为首次亮相，各式先进武器装备自然成为舆论关注的焦点。例如东风41、长剑-100、东风-17、无侦-8在内的一系列先进武器首次公开亮相，就受到了"强势围观"。百度指数表明，歼-20，东风-41，东风-17热度飙升，其中，东风-41峰值高达314442，话题#东风快递，使命必达#更是喜提热搜，堪称此次阅兵最"红"武器。

东方网称，先进武器装备为中国发展提供了稳定的基础保障。这次阅兵，东风-17导弹和东风-41洲际核导弹等尖端武器亮相，不但提振了14亿中国人民的精气神，还震惊了世界。CNN（美国有线电视新闻网）将"东风-41"的首次公开亮相视为此次阅兵的亮点。CNN称，这款强大的洲际弹道导弹被认为将是今后几年中国火箭军武器库中的"中流砥柱"，一些人判断，它是这个星球上最强大的导弹。

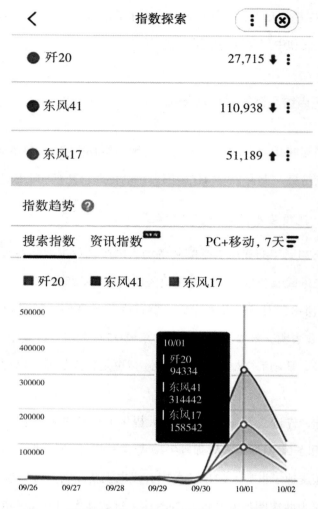

图1-1　国庆70周年阅兵亮相武器装备热度（百度指数）

数据来源：《百度大数据里看阅兵：90后最为关注 东风41成最红武器》

亮点二：空中梯队引发庆典阅兵今昔对比

国庆70周年阅兵中，由陆、海、空三军航空兵组成的12个空中梯队，以前所未有的磅礴阵容接受检阅。其中由29架直升机组成的空中护旗梯队率先出场，以"70"字样编队接受检阅，给全国人民留下深刻的印象。空中梯队的亮相引发了舆论对庆典阅兵的今昔对比，戳中了无数网民的泪点。网上流传一个视频——1949年开国大典，参阅飞机只有17架。周总理说："飞机不够，我们就飞两遍。"看了这段视频后，网民纷纷表示："想哭！"

70年前后对比，网民不禁感慨，"现在再也不需要飞两遍了，要多少有多少。""如今，山河犹在，国富民强。这盛世，如您所愿!这繁荣，如我所见!"英国《卫报》撰文指出，70年前中华人民共和国的开国大典上只有17架飞机接受阅兵检阅，而今天在北京举行的70周年国庆仪式上，可以清晰地看到中国取得了举世瞩目的发展成就。新京报网评论称，这次接受检阅的飞机，均为中国自主研发，代表了新时代空中整体作战力量，也标志着中国空中力量体系化建设有了质的飞跃。

亮点三：车牌号1949检阅车戳中泪点

有网民发现，阅兵式上有一辆车牌号为1949的阅兵车。车上虽然有麦克风，但却是空车。很快不少网民提出这辆车代表着无数抛头颅、洒热血，换来我们今天太平盛世的革命先烈。这个细节也看哭了无数中国人。网民纷纷留言，"瞬间哭了！英雄一直都在，这盛世，也将一直会在！70年，中国人民站起来了！""1949这辆车肯定承载着所有先辈和英雄们。""想让你们看见，这盛世如你们所愿。"

国庆70周年阅兵获得舆论的广泛点赞，无论是国内媒体还是国际主流网站，都不吝溢美之词。《环球时报》称，国庆阅兵式承载了几代人的光荣与梦想，也升起了无数人的骄傲和希望，这里是中国人民站起来的地方，也是汇聚全世界目光的地方，更是书写历史的地方。人民军队通过天安门的80分钟，是属于全体中国人的高光时刻。新加坡《联合早报》盛赞，从改革开放后军力增强，落实科技强军和国家综合实力加强，到突出展现国防科技工业自主创新能力，中国军队历年来的进步是不争的事实。

群众游行展示中国人新时代新风貌

10月1日上午，在庆祝中华人民共和国成立70周年大会和阅兵式结束后，天安门广场举行了盛大的群众游行。群众游行以"同心共筑中国梦"为主题，约10万名群众、70组彩车组成36个方阵和3个情境式行进。游行以时间为轴线分为"建国创业""改革开放""伟大复兴"三个部分，沿长安街由东向西通过天安门核心区。

群众游行过程中，中国女排乘花车游行时和解放军战士"互动表白"的场景更是为网民们津津乐道。中国女排压轴国庆花车游行，当载着中国女排的花车驶到一个部队的方阵地时，许多兵哥哥一起高呼："中国女排，世界第一！"女排姑娘们站在花车上回应"你们最帅！"而这一幕，感动了无数网民，戳中了大家的泪点。关于"当军人们遇到女排姑娘们"的话题，也登上了新浪微博热搜榜第一名。

舆论认为，国庆群众游行是中华人民共和国70年走过道路的缩影，是中华人民共和国成长故事的形象展示，展现完整的当代中国人形象、风貌的同时，唤醒了中国人民历史记忆和社会共同情感。新华视点称，此次参加国庆游行的群众涵盖各行各业、各族各界，既有工人、农民、教师、学生、医生、公务员代表，又有快递小哥、广场舞大妈等。参加游行的群众选择突出"谁的故事谁来讲，谁家的事谁来说"这一标准，力图向世界展示完整的当代中国人形象。此次群众游行中，合唱团和联合军乐团奏唱了中华人民共和国成立以来不同时代的曲目。所有音乐的选择以唤醒历史记忆和社会共同情感为基准。全国政协委员、香港岛各界联合会常务副理事长叶建明称，10万人参与的丰富多元群众游行，展现的是一种轻松欢快的气氛——"自由、生动、欢愉、活泼"，这是今天中国人精神面貌焕然一新的缩影。

全国各地庆祝活动精彩纷呈，节日气氛持续高涨。央视网称，西藏各族各界代表5000余人在拉萨布达拉宫广场高原欢歌"千人锅庄"气势雄壮；在浙江嘉兴的秀湖公园，工人们通过园艺化景观营造节日氛围；青海黄南州尖扎县在德吉村隆重举办"我爱你中国"黄河岸边万人大合唱活动；江苏宿迁组织3000人同唱《歌唱祖国》；浙江青田，国庆歌会也火热唱响。

国庆70周年庆典系列活动取得圆满成功，习近平总书记用20个字总结这次庆祝活动：国之大典，气势恢宏、大度雍容，纲维有序、礼乐交融。充分展示了中华人民共和国成立70年来的辉煌成就，有力彰显了国威军威，极大振奋了民族精神，广泛激发了各方面力量。[①]舆论高度评价国庆庆典活动的伟大意义，认为中华人民共和国70华诞庆典，使14亿中国人爱国情感进一步升华，国庆盛典是一堂中华人民共和国的历史课，是一堂爱国主义的教育课，是一堂新时代的思想政治课，它完美诠释了中国人民不懈奋斗的光辉历程，引导人们树立正确历史观、国家观、民族观、文化观，展现出中华民族坚定自信，展现出坚持中国共产党领导的坚定信念，展现出实现中华民族伟大复兴中国梦的坚定信心。

第三节　伟大梦想：迎接复兴铸就辉煌

在庆祝中华人民共和国成立70周年大会上，习近平总书记豪迈展望中华民族伟大复兴的光明前景："中国的昨天已经写在人类的史册上，中国的今天正在亿万人民手中创造，中国的明天必将更加美好。全党全军全国各族人民要更加紧密地团结起来，不忘初心，牢记使命，继续把我们的人民共和国巩固好、发展好，继续为实现'两个一百年'奋斗目标、实现中华民族伟大复

---

① 央视新闻：习近平用这20字总结国庆70周年庆祝活动，10月16日.

兴的中国梦而努力奋斗！"[①]习近平掷地有声的话语鼓舞和激励着14亿中华儿女满怀豪情、充满自信，以中华人民共和国成立70周年为新的起点，为实现中华民族伟大复兴的中国梦而接续奋斗。

习近平总书记热情洋溢的讲话引起国内各界热烈反响，国内舆论普遍对祖国美好未来充满信心。湖南省社科院《求索》杂志社社长、主编黄海研究员表示，聆听习总书记重要讲话、观看气势恢宏的阅兵式，心情特别激动！作为社科工作者，我们与祖国同行、与祖国共荣光，应该投身新时代、奋斗新征程，为祖国、为人民奉献自己的全部智慧和力量。西柏坡纪念馆研究部副主任史进平称，70年风雨兼程，70年一路走来，我们取得这么大的成就，我们从习近平总书记的讲话中也感受到我们的中国梦一定会早日实现。网民纷纷留言表示："习总书记说到没有任何一种力量能够阻挡中国人民和中华民族的前进步伐。作为一名中国人，我感到非常的骄傲和自豪，在自己平凡的工作岗位中，也要为建设美丽的祖国贡献微薄的力量。""我的心情特别激动。习近平总书记指出，中国的明天必将更加美好。我相信，在中国共产党的坚强领导下，我们的祖国必将繁荣昌盛。""总书记说了，中国的今天正在亿万人民手中创造，中国的明天必将更加美好。精准扶贫让我们大家都过上了好日子，未来我们还要继续在乡村振兴的道路上创造更大的辉煌。"

国际社会普遍对站在历史新起点的中国在共产党领导下实现伟大梦想的前景积极看好。西班牙中国政策观察网刊载巴塞罗那自治大学东亚研究中心前主任肖恩·戈尔登的访谈内容称，中国共产党的治理无可替代，它是代表全体人民的唯一力量。德国电视一台网站发表题为《比以往任何时候都更加自信》的文章称，习近平在党的十九大上明确指出："中华民族迎来了从站起来、富起来到强起来的伟大飞跃。"不仅是在国家层面上，在国际舞台上也是

---

① 习近平：在庆祝中华人民共和国成立70周年大会上的讲话.

如此。中国正致力于在国际组织中扩大影响力，无论是在世界银行、国际货币基金组织还是在联合国。在庆祝中华人民共和国成立70周年大型成就展上，"复兴"一词被一再提起，中国这个曾经的世界强国，将要回到它在国际社会中原来的位置。俄罗斯Rambler（漫步者）新闻网刊文称，中国的发展趋势不可阻挡，中国的发展令各阶层受益。国家快速崛起，人民渴望成功，中国必将实现目标。

2020年全面建成小康社会，2035年基本实现社会主义现代化，本世纪中叶建成富强民主文明和谐美丽的社会主义现代化强国，中国未来30多年的宏图，犹如一幅壮美的画卷，等待着我们去描绘。站在中华人民共和国成立70周年历史起点上，舆论以习近平总书记讲话中提出的前进征程上"五个坚持"为出发点，热切讨论中华民族实现伟大梦想，迎接伟大复兴的奋斗路径。

坚持中国共产党的领导，坚持人民主体地位，坚持中国特色社会主义道路，是全面建成小康社会、建成社会主义现代化强国、实现中华民族伟大复兴中国梦的根本保证。中共中央党校教授、博士生导师辛鸣评论认为，没有中国共产党的领导，没有这一领导核心，就不可能有我们国家发展的正确方向和光明前景；没有人民主体地位的充分保障，也不可能把人民群众创造历史的巨大威力给充分激发出来，为我们中华民族的伟大复兴汇聚起强大的合力；同时，没有中国特色社会主义这条正确的道路，我们中国社会也不可能这样又好又快地发展起来。

实现中华民族的伟大复兴，建设社会主义现代化强国，一定要坚持"一国两制"，实现国家的统一。哈佛大学教授傅高义接受香港《大公报》专访时表示，"一国两制"是非常正确的选择，"'一国两制'制度不仅解决了两地制度不同的现实，还让香港发挥特区的作用，通过它的金融、法律制度，吸引外国人投资。"①新华网报道，香港、澳门主流舆论及社会各界表示，相信在祖国的有力支持下，香港、澳门未来将更加繁荣稳定。

和平统一，是全体中华儿女共同愿望，是中华民族根本利益所在。河南省社会科学院研究员陈东辉称，实践证明，"和平统一、一国两制"是实现国家统一的最佳方式，是符合大陆和港澳台经济共同发展要求的最佳方案。前进征程上，必须坚持"和平统一、一国两制"的方针，坚决维护国家主权和领土完整，推动两岸四地和平发展。②网上主流舆论坚信在中华民族伟大复兴的征程中，实现两岸统一乃大势所趋，必将为历史所验证。国际在线认为，当前，中国海峡两岸尚未完全统一，这是历史遗留给中华民族的创伤，中国也是联合国安理会五个常任理事国中唯一没有实现完全统一的国家。在未来征程中，中国不仅有能力保持香港、澳门长期繁荣稳定，也将推动海峡两岸关系和平发展。两岸统一的历史大势，是任何人任何势力都无法阻挡的！

中国的发展离不开世界，世界的发展也离不开中国，坚持和平发展道路，维护世界和平，促进世界共同发展，是中国作为一个大国义不容辞的责任，充分体现了大国的责任、大国的担当、大国的使命。央广网称，我们过去这70年来就是这样，通过和平的方式走和平发展之路走出来的。未来的中国社会依然会在和平发展的道路上继续走下去，并且为人类社会、为世界作出更大贡献。意大利历史学家戴维·罗西评价说，一直以来，中国反对霸权主义和强权政治、不干涉其他国家内政、从未谋求霸权。未来，中国仍将是维护世界和平与发展的正能量国家之一。③

---

① 大公报：傅高义谈香港问题/"一国两制是非常正确的选择"，11月18日.
② 中国社会科学网：准确把握前进征程上的"五个坚持"，10月7日.
③ 央广网：和平发展是中国对世界的坚定承诺，10月1日.

第二章　治国理政：改革创新谱新篇

2019年，面对风云激荡的国际形势和错综复杂的风险挑战，以习近平同志为核心的党中央高瞻远瞩、运筹帷幄，驾驭"中国号"巨轮乘风破浪、坚定前行，不断开创党和国家事业发展新局面，谱写治国理政新篇章。全面从严治党持续推进，"不忘初心、牢记使命"主题教育深入开展，反腐败压倒性胜利持续巩固。改革开放不断向纵深领域推进，三大攻坚战取得了关键进展，为决胜全面建成小康社会奠定了坚实基础。主场外交精彩纷呈，元首外交引领航向，积极推动构建人类命运共同体。中国之治赢得境内外舆论盛赞。

第一节　党建：全面从严治党实现新作为

2019年，以习近平同志为核心的党中央坚持党要管党、全面从严治党，以自我革命的勇气，破藩篱、去顽疾、立规矩、建制度、正风气，开展"不忘初心、牢记使命"主题教育，激发伟大自我革命新动能，全面从严治党阔步迈向制度化、规范化。"不忘初心、牢记使命"主题教育蓬勃开展、党内规章制度密集出台、惩治腐败压倒性胜利继续巩固三大维度的党建成果成为年度最受舆论关注的党建话题。

"不忘初心、牢记使命"主题教育领跑年度党建热点

2017年10月18日，习近平总书记在十九大报告中指出，在全党开展"不忘初心、牢记使命"主题教育，用党的创新理论武装头脑，推动全党更加自觉地为实现新时代党的历史使命不懈奋斗。"不忘初心、牢记使命"主题教育是在全党范围内开展的主题教育，是推动全党更加自觉地为实现新时代党的历史使命不懈奋斗的重要内容，也是2019年全党最为重要、舆论关注度最高的党建课题。

2019年5月13日，中共中央政治局召开会议，决定从2019年6月开始，在全党自上而下分两批开展"不忘初心、牢记使命"主题教育，各3个月。5月31日，在"不忘初心、牢记使命"主题教育工作会议上，习近平总书记发表重要讲话，从充分认识开展主题教育的重大意义、准确把握主题教育的目标要求、加强对主题教育的领导三个问题出发，对"不忘初心、牢记使命"主题教育进行部署。

国内各大主流媒体纷纷开始对"不忘初心、牢记使命"主题教育进行报道和评论。人民网、新华网、求是网、环球网、中国青年网、国际金融报等媒体以"正当其时的重大主题教育""跟随总书记步伐，走好'初心之旅'""以初心和使命书写历史新篇章""不忘初心、牢记使命，绽放最美青春年华"等为题，从多个角度对主题教育工作会议进行报道和评论，舆情热度不断升温。例如，中国青年网从广大青年的独特视角出发提出，2019年是中华人民共和国成立70周年，也是我们党在全国执政第70个年头，在这个时刻开展"不忘初心、牢记使命"主题教育，正当其时。以"不忘初心、牢记使命"主题教育为契机，广大青年党员更应练就过硬本领，自觉把自身需求与社会需求相统一、把个人发展与社会发展相结合、把个人命运与国家命运相联系，迈稳步子、踏实做事，在苦干实干中绽放最美青春年华。

2019年6月5日，"不忘初心、牢记使命"主题教育中央指导组培训会议在北京召开。2019年6月，中共中央发出关于印发《习近平新时代中国特色社会主义思想学习纲要》的通知，要求紧密结合"不忘初心、牢记使命"主题教育，把《纲要》纳入学习计划，开展多形式、分层次、全覆盖的学习培训。2019年6月24日，中共中央政治局就"牢记初心使命，推进自我革命"举行第十五次集体学习。其后，在主题教育推进的不同阶段，中央主题教育领导小组先后印发59个通知文件，结合国家大事要事的推进以及各地区各部门各单位实际，引导主题教育开展得更加有力有效。

"不忘初心、牢记使命"主题教育开展以来，舆论渠道全面开启，纷纷掀起报道参与的热潮。央视新闻联播从6月14日起开设《"不忘初心、牢记使命"主题教育进行时》专栏，报道党中央关于主题教育的重要精神和决策部署，介绍各地区各部门各单位解决突出问题、真抓实干的好经验、好做法，获得舆论好评。6月，由中央"不忘初心、牢记使命"主题教育领导小组办公室主办，人民网·中国共产党新闻网承办的"不忘初心、牢记使命"主题教育官网（http://chuxin.people.cn）正式上线，主题教育官网设置"权威发布""读原著、学原文、悟原理""权威指导""主题教育动态""初心传承""舆情反响"6大板块10余个栏目以及互动专区，赢得网民广泛互动参与。"共产党员""智慧党建""学习强国"等一系列APP客户端，"学习小组""宣讲活动""学习大国"等党建热门微信公众号着力为广大党员干部打造随时、随地、随身学习的移动平台，新手段、新形式、新思维纷呈，党员干部的学习热情被极大地激发出来。

随着"不忘初心、牢记使命"主题教育的深入开展，舆论把目光聚焦于开展主题教育的实践方法。例如，新华时评在题为《静下心来读好原著》的文章中提出，"确保这次主题教育取得扎扎实实的成效，首先要从静下心来读原著、学原文、悟原理上下功夫，切实用习近平新时代中国特色社会主义思想武装头脑，静下心来读好原著，实现理论学习有收获、思想政治受洗礼，才会坚定马克思主义信仰。"人民网则提倡，用好身边典型，强化思想引领。榜样是无声的教材，典型有无穷的力量。各地注重发挥先进典型的示范教育作用。海南省组织编写读本《楷模风范——先进典型事迹选编》，不少网民留言表示读后深受触动，表示要对照先进，发扬无私奉献精神，做好本职工作、服务好群众。

"不忘初心、牢记使命"主题教育在全国各地扎实开展，形式生动多样。据央视网、四川在线等媒体报道，上海一大会址、浙江南湖、四川泸定桥纪念馆等红色教育基地，都成为各地开展"不忘初心、牢记使命"主题教育的重要场所；辽宁举办"不忘初心、牢记使命"主题教育读书班；浙江省长兴县洪桥镇纪委邀请援越抗美老兵讲授50年前火线入党事迹，以此激励党员干部不忘初心，牢记使命；河南省舞钢市纪检监察干部通过重读革命史、重忆奋斗史、重走长征路的方式，坚定守好初心、勇于担当使命的信心和决心。

主题教育的成果也赢得舆论高度评价。新华网称，整个主题教育特点鲜明、扎实紧凑，达到了预期目的，取得了重大成果。广大群众充分认可，党内外积极评价。这次主题教育，促进了全党思想上的统一、政治上的团结、行动上的一致，为我们党统揽"四个伟大"、实现"两个一百年"奋斗目标作了思想上政治上组织上作风上的有力动员，具有重大现实意义和深远历史影响。

党内法规密集出台丰富制度治党实践

党的十八大以来，以习近平同志为总书记的党中央高度重视党的建设，把全面从严治党纳入"四个全面"战略布局，坚持思想建党与制度治党相结合、依规治党与以德治党相统一，不断扎紧扎密扎牢制度的笼子。2019年，党内法规制度体系建设步伐进一步加快，一部部党内法规，既体现出党中央管党治党的新理念新思想新实践，也为全面从严治党提供了制度保障。

表2-1　2019年中央印发、修订、实施的党内规章制度

印发、修订、实施时间	规章制度名称
2019年1月1日	《中国共产党纪律检查机关监督执纪工作规则》
2019年1月1日	《党组讨论和决定党员处分事项工作程序规定（试行）》
2019年1月13日	《中国共产党政法工作条例》
2019年1月31日	《中国共产党重大事项请示报告条例》
2019年2月5日	《地方党政领导干部食品安全责任制规定》
2019年3月3日	《党政领导干部选拔任用工作条例》
2019年4月6日	《中国共产党党组工作条例》
2019年4月7日	《党政领导干部考核工作条例》
2019年5月6日	《中国共产党党员教育管理工作条例》
2019年5月13日	《干部选拔任用工作监督检查和责任追究办法》
2019年6月1日	《公务员职务与职级并行规定》
2019年7月7日	《党政主要领导干部和国有企事业单位主要领导人员经济责任审计规定》
2019年8月5日	《中国共产党机构编制工作条例》
2019年8月19日	《中国共产党农村工作条例》
2019年8月30日	《中国共产党党内法规制定条例》
2019年8月30日	《中国共产党党内法规和规范性文件备案审查规定》
2019年9月1日	《中国共产党问责条例》
2019年9月3日	《中国共产党党内法规执行责任制规定（试行）》
2019年10月25日	《中国共产党党校（行政学院）工作条例》

数据来源：共产党员网

媒体纷纷跟踪梳理2019年党中央出台的党内重要文件，如"2019年中央出台的党内重要文件，都在这里了！"（人民网）还有部分媒体对党内法规体系建设展开报道和评论，如"加快形成完善的党内法规体系"（求是网）、"跳出历史周期率 习近平强调这些治党之策"（新华报业网）、"以自我革命的精

神推进党内法规制度建设"（《光明日报》）、"建立行之有效的制度 筑牢守初心担使命根基"（《河南日报》）等。舆论高度评价党内法规制度建设的重要意义。南方网称，一部部法规制度，就是党永葆青春活力的基石。当制度的约束作用充分发挥，当制度的刚性力量全面释放，从严治党的制度重器，就能为国家长治久安，提供可靠的保障，夯实牢固的基础。

众多媒体对进一步推动党内法规体系不断完善提出意见、建议。《光明日报》称，中央制定或修订一批重要党内法规，党内法规密集出台，成为党的十九大以来党的建设的一大亮点。正是把自我革命作为党内法规丰富完善的核心要素，党内法规制度建设才能始终与党的建设新的伟大工程同频共振。把自我革命体现在党内法规制度建设的全过程和各方面，以自我革命推动党内法规制度建设的改革创新，从而带动党内法规的制度优势向制度效能转换。中国经济网认为，要健全完善党内法规的制定、备案和解释机构和程序，增强党内法规的科学性、规范性；加强监督检查，严肃追究对党内法规执行不力，违反党内法规的党组织、党员，特别是党员领导干部的纪律责任，从而保障党内法规得到严格遵循和实施，保障党领导人民全面推进依法治国，向着建设法治中国不断前进。

反腐力度不减彰显全面从严治党决心

"坚决惩治腐败，巩固发展压倒性胜利"。习近平总书记在2019年1月召开的十九届中央纪委三次全会上的发言言犹在耳。2019年以来，党中央坚决惩治腐败，巩固发展压倒性胜利的步伐从未停止，打虎、拍蝇、猎狐……反腐败成果赢得舆论点赞。

"打虎战报"战果丰硕。2019年1月6日晚，中央纪委国家监委网站发布了"首虎"中国科协书记处原书记陈刚被查的消息。搜狐公众号"中国新闻周刊"评论称，此番拿下陈刚，也拉开了2019年打虎的序幕。从京官开始，更加表明了坚决清除一切腐败分子的决心。新年再打虎的节奏不变，也表明反腐败零容忍的态度不变、猛药去疴的决心不减、刮骨疗毒的勇气不泄、严厉惩处的尺度不松。

主动投案情节增加成为2019"打虎"值得关注的重要特点。新华网、人民网等媒体称，2019年以来，主动投案的案例不断出现，上半年有两名"老虎"主动投案，分别是云南省委原书记秦光荣和中华全国供销合作总社党组原副书记刘士余。舆论对刘士余主动投案高度关注，认为表明反腐震慑力提升、反腐工作取得阶段性效果。微信公众号"牛弹琴"称，刘士余是主动投案，不是被查。省部级大员主动投案，这至少说明犯事官员的心态在改变：以前虽然战战兢兢，但多少抱侥幸心理，能挨则挨，直到靴子最终落地；现在也知道逃不过去，还不如主动交代，好歹争取个坦白从宽。仅在刘士余主动投案后十天内，各地至少有10余名干部主动投案。北京头条客户端称，主动投案现象的增多，表明一体推进不敢腐、不能腐、不想腐的过程中，叠加效应已经产生。在高压反腐所产生的强大震慑之下，在党性教育的感召之下，就会有越来越多的腐败分子放弃侥幸心理，主动向纪检检察机关投案。中央党校教授辛鸣认为，腐败官员纷纷主动投案源于高压震慑和政策感召，是反腐败斗争取得压倒性胜利的重要标志。

金融领域反腐力度空前成为2019年反腐值得关注的又一特点。习近平总书记在十九届中央纪委三次全会上强调，要加大金融领域反腐力度，对存在腐败问题的，发现一起坚决查处一起。从总部到地方，从国内到海外，从银行到证券，金融领域反腐动作不断，效果明显，受到社会各界持续关注。北京大学廉政建设研究中心副主任庄德水认为，金融领域权力集中、资金密集，金融安全事关国家安全，加大金融领域反腐力度，是防范化解金融风险的必然要求。搜狐财经评论称，多个金融领域的贪腐干部被打落马下，这样的反腐力度更加彰显了纪检部门对贪腐者坚定的反腐决心和信心。只要是有腐败，就要有纪检监察的声音，只要有人敢贪腐，就必然会受到党纪国法的严厉查处，这在反腐不断加大力度的当下，已经成为铁律，屡试不爽。

表2-2　2019年以来受审的部分中管干部一览表

姓名	原职	涉嫌罪名	涉贿金额	受审时间	宣判时间	判决结果
白向群	内蒙古自治区人民政府原副主席	受贿、贪污、内幕交易、泄露内幕信息	折合人民币8515万余元	1月31日	10月24日	有期徒刑十六年
蒲波	贵州省人民政府原副省长	受贿	折合人民币7126万余元	3月21日	7月18日	判处无期徒刑
曾志权	广东省委原常委、统战部原部长	受贿	折合人民币1.4亿余元	4月29日	7月9日	判处无期徒刑
吴浈	原国家食品药品监督管理总局副局长	受贿、滥用职权	折合人民币2171.1106万元，1220万元系未遂	5月30日	11月15日	有期徒刑十六年
孟宏伟	公安部原党委委员、副部长、中国海警局原局长	受贿	折合人民币1446万余元	6月20日	——	——
李士祥	北京市政协原党组副书记、副主席	受贿	折合人民币8819万余元	6月27日	11月12日	有期徒刑十年
努尔·白克力	国家发改委原副主任、国家能源局原局长	受贿	折合人民币7910万余元	7月25日	12月2日	判处无期徒刑
缪瑞林	江苏省人民政府原副省长	受贿	折合人民币720万余元	8月7日	11月19日	有期徒刑十年六个月
钱引安	陕西省委原常委、秘书长	受贿	折合人民币6313万余元	8月8日	12月10日	有期徒刑十四年

姓名	原职	涉嫌罪名	涉贿金额	受审时间	宣判时间	判决结果
邢云	内蒙古自治区人大常委会原副主任	受贿	折合人民币4.49亿余元	8月15日	12月3日	判处死刑，缓期二年执行
张茂才	山西省人大常和会原副主任	受贿	折合人民币7244万余元	10月17日	——	
陈刚	中国科学技术协会原党组成员、书记处书记、常委	受贿	折合人民币1.28877328亿元	11月7日	——	
赵洪顺	国家烟草专卖局原党组成员、副局长	受贿	折合人民币9032万余元	11月21日	——	
向力力	湖南省人大常委会原副主任	受贿	折合人民币6667万余元	12月12日	——	

数据来源：中国共产党新闻网

表2-3 2019年宣判的部分往年落马中管干部一览表

姓名	原职	涉嫌罪名	涉贿金额	宣判时间	判决结果
李贻煌	江西省原副省长	受贿、贪污、挪用公款、国有企业人员滥用职权	折合人民币5119万余元，其中3546万余元系未遂	1月29日	有期徒刑十八年
周春雨	安徽省原副省长	受贿、隐瞒境外存款、滥用职权、内幕交易	折合人民币1365万余元	2月22日	有期徒刑二十年
季缃绮	山东省人民政府原副省长	受贿、贪污	折合人民币2571.54849万元	3月19日	有期徒刑十四年
鲁炜	中宣部原副部长	受贿	折合人民币3200万余元	3月26日	有期徒刑十四年
陈树隆	安徽省委原常委、安徽省原副省长	受贿、滥用职权、内幕交易、泄露内幕信息案	折合人民币共计2.758亿余元	4月3日	判处无期徒刑

续表

姓名	原职	涉嫌罪名	涉贿金额	宣判时间	判决结果
刘强	辽宁省人民政府原副省长	受贿、破坏选举	折合人民币1063万余元	4月9日	有期徒刑十二年
王三运	全国人大教育科学文化卫生委员会原副主任委员	受贿	折合人民币6685.66109万元	4月11日	有期徒刑十二年
王晓光	贵州省人民政府原副省长	受贿、贪污、内幕交易	折合人民币4870.435万元	4月23日	有期徒刑二十年
艾文礼	河北省政协原副主席	受贿	折合人民币6478万余元	4月18日	有期徒刑八年
张少春	财政部原副部长	受贿	折合人民币6698.0081万元	5月13日	有期徒刑十五年
冯新柱	陕西省人民政府原副省长	受贿	折合人民币7047万余元	5月14日	有期徒刑十五年
张化为	中央巡视组原副部级巡视专员	受贿	折合人民币3284.93万余元	5月27日	有期徒刑十二年
孙波	中国船舶重工集团有限公司原总经理	受贿、国有公司人员滥用职权	折合人民币864万余元	7月4日	有期徒刑十二年
王尔智	吉林省政协原副主席	受贿	折合人民币5072万余元	8月9日	有期徒刑十四年
靳绥东	河南省政协原党组副书记、副主席	受贿	折合人民币4434.375243万元	9月26日	有期徒刑十五年
邱大明	吉林省绿委原副书记、省监委原副主任	受贿、贪污	折合人民币3594万余元	11月5日	有期徒刑十四年

数据来源：中国共产党新闻网

亮剑"蝇贪""蚁腐"成效显著。在"打虎"力度不减的同时，全国纪检监察机关还聚焦民生领域，严厉惩治"蝇贪""蚁腐"。数据显示，2019年1月至11月，全国查处民生领域腐败和作风问题8.64万个、处理11万人。从大量案例看，扶贫、涉农、社保、教育医疗、环境保护等民生领域的违法违纪行为易发多发，群众对这些问题的"痛感"尤为强烈。搜狐网称，"千里之堤毁于蚁穴"，比起"大老虎"，"蝇贪蚁腐"涉及的党员干部级别低、贪腐金额不多，但时间长了同样会积水成渊、集腋成裘，败坏党风、政风和社会风气，导致党群、干群关系紧张，进而危及党的事业发展。如不向其果断亮剑而任其发展，惩治基层微腐败现象，让"蝇贪蚁腐"无处遁形，可能导致基层堤溃崩塌，后果不堪设想。新华网称，正风反腐，既要"抓大"，也要"惩小"，既要持之以恒"打虎"，也要锲而不舍"拍蝇"。各地纪委监委的日常通报中基层干部腐败问题频现，对于民生领域的"微腐败"、放纵包庇黑恶势力的"保护伞"、妨碍惠民政策落实的"绊脚石"，应当及时亮剑，深入整治，绝不手软。

"猎狐"行动再启锋芒。随着外逃人员有关线索密集曝光，惩治腐败的天罗地网撒向全球，潜逃者已无处藏身。2019年以来，中央"猎狐"力度不减，成绩斐然。一批外逃多年的职务犯罪嫌疑人相继归案：1月15日，海南省纺织工业总公司原总经理王军文回国投案；3月28日，原广东健力宝集团副总经理于善福回国投案；同一天，原中国建筑（南洋）发展有限公司副经理席飞被抓捕归案；4月22日，广东深圳市田心实业股份有限公司（村集体企业）原董事长梁泽宁被遣返回国；6月29日，外逃18年的"百名红通人员"刘宝凤回国投案自首并积极退赃……新华网引述北京师范大学教授黄风的评论称，国际追逃追赃是巩固发展反腐败斗争压倒性胜利的重要内容，2019年以来，职务犯罪方面的追逃追赃工作取得显著进展，对于保证国企、金融机构持续健康发展意义重大。

党的建设只有进行时，没有完成时，全面从严治党一刻不能松，永远在路上。站在新的历史起点，拥有9000多万党员的中国共产党必将一往无前，继续书写党的建设新的伟大工程宏伟篇章。

第二节　内政：国家治理现代化开启新征程

2019年，以习近平同志为核心的党中央高瞻远瞩、运筹帷幄，不断开创党和国家事业发展新局面。国家治理和改革成果丰硕，全面深化改革持续推进，十九届四中全会胜利召开，党和国家机构改革圆满完成，基层减负取得显著成效，对外开放全方位扩大。防范化解重大风险、脱贫攻坚、污染防治等三大攻坚战稳扎稳打，取得了一系列关键进展，为决胜全面建成小康社会奠定了坚实基础。

改革开放不断向纵深推进

全面深化改革持续推进。2019年全面深化改革进入第六个年头，面对外部环境的深刻变化和我国改革发展稳定面临的新情况新问题新挑战，习近平总书记在2019年新年贺词中宣示了在新征程上全面深化改革开放的坚强决心："我们改革的脚步不会停滞，开放的大门只会越开越大。"① 从1月23日中央全面深化改革委员会第六次会议到11月26日召开中央全面深化改革委员会第十一次会议，2019年，习近平总书记先后六次主持召开中央全面深化改革委员会会议。每一次中央深改委会议都无一例外地成为舆论关注的焦点，也成为外界观察我国新时代改革政策走向的窗口。《学习时报》评论文章称，进入2019年以后，中央全面深化改革委员会又陆续召开了六次会议，先后审议通过了63个方案、意见、规定、要点、报告等，涉及党的领导和经济、政治、

---

① 国家主席习近平发表二〇一九年新年贺词.新华网. http://www.xinhuanet.com/politics/2018-12/31/c_1123931806.htm.

文化、社会、生态文明、外事等各方面全面深化改革的内容以及全面深化改革自身推动落实评估情况的内容。这一系列会议的召开，充分体现了党中央加强全面深化改革顶层设计、总体推动的决心、信心和恒心，有力推动了新时代全面深化改革向纵深发展并行稳致远①。

2019年以来，一批重大改革举措接连落地。《河北雄安新区总体规划（2018—2035年）》和《北京城市副中心控制性详细规划（街区层面）（2016年—2035年）》获得批复，京津冀协同发展重点突破；《土壤污染防治法》正式施行，生态环境修复坚定推进；上海证券交易所设立科创板并试点注册制，金融供给侧结构性改革鼎新革故；市场准入负面清单制度全面实施，各类市场主体平等准入、公平竞争；全国统一城乡居民医保制度全面实施，1.7亿农民工被纳入异地就医直接结算，织起更大更牢的保障网；全面实施新个人所得税法，全年预计减税3000亿元，让老百姓切实享受财税改革的红利②；2019年全年减税降费数额超过2万亿元，占GDP（国内生产总值）的比重超过2%，明显高于世界其他国家③；《优化营商环境条例》出炉，"放管服"持续深入；《关于强化知识产权保护的意见》印发，以前所未有的力度推动我国知识产权保护能力和保护水平全面提升；《中华人民共和国密码法》《信息安全技术网络安全等级保护基本要求》等多项网络安全相关法律法规陆续发布，我国网络安全顶层设计不断完善。

一系列深化改革举措赢得舆论高度赞誉和国际社会一致好评，世界银行最新发布的《全球营商环境报告2020》显示，中国营商环境排名比上一年大幅提升了15位，跃居全球第31位，连续两年成为全球营商环境改善幅度最大

---

① 顶层推动全面深化改革向纵深发展——2019年中央全面深化改革委员会会议综述.《学习时报》.
② 举旗定向 谋篇布局 改革全面发力. 央视网. http://tv.cctv.com/2019/10/28/VIDE6yl5ut2rAK2S-927DWzr9191028.shtml.
③ 财政部部长刘昆：预计全年减税降费数额将超过2万亿元.《南方都市报》.

的10个经济体之一。联合国世界知识产权组织发布的2019年全球创新指数排行榜显示，中国位列14，比2018年的第17位提升了三位，实现了连续四年的排名攀升。

十九届四中全会胜利召开。2019年金秋十月，十九届四中全会在首都北京胜利召开，全会审议通过《中共中央关于坚持和完善中国特色社会主义制度、推进国家治理体系和治理能力现代化若干重大问题的决定》。新华网、《人民日报》、澎湃新闻网等境内媒体网站纷纷以"一次具有开创性、里程碑意义的重要会议"为题报道和解读十九届四中全会。中国网称，十八届三中全会确立的全面深化改革的总目标上升为十九届四中全会的主题，更加突出了制度建设这条主线。《人民日报》称，国际和国内形势的发展变化对党和国家的全局工作提出了新的更高要求，必须以坚持和完善中国特色社会主义制度、推进国家治理体系和治理能力现代化为主轴来谋划全面深化改革。新华网援引中央政策研究室副主任王晓晖等六部门负责人的权威解读——用一次中央全会专门研究国家制度和国家治理能力现代化问题并作出决定，这在我们党的历史上还是第一次。凤凰网、新浪网、搜狐网等门户网站纷纷解读全会公报内容——"制度"是全会的主题词，在5000余字的全会公报中，出现频率最高，多达77次。每一处"制度"论述背后，都是对坚持和完善中国特色社会主义制度、推进国家治理体系和治理能力现代化这一主题的深刻阐释。美国多维新闻网等境外媒体则关注中外对比——在中西方文明冲突日渐摆上台面的背景下，无论从时间上，还是从主题上都能够看到，中国在国家制度和意识形态层面进行的战役准备。

党和国家机构改革圆满完成。根据《深化党和国家机构改革方案》时间表，所有机构改革任务在2019年3月底前基本完成。2019年7月5日深化党和国家机构改革总结会议在北京召开。习近平总书记发表重要讲话，充分肯定了深化党和国家机构改革取得的重大成效和宝贵经验。党和国家机构改革圆满完成，引发舆论高度关注和普遍赞誉。新华社评论文章称，深化党和国家机构改革是放在全面深化改革大盘子里谋划推进的，是全面深化改革的一次战略性战役。仅中央和国家机关层面，就涉及180多万人、80多个部门，力度之大，影响面之广，触及利益之深，都是少有的。通过机构改革，适应新时代要求的党和国家机构职能体系主体框架初步建立，推进国家治理体系和治理能力现代化迈出新步伐，为全面深化改革向纵深挺进积累了宝贵经验、凝聚了广泛共识、激发了强劲动力。广东省社科院研究员丁力称，过去一年多时间，党和国家机构改革任务总体完成，在涉及党和国家事业全局的重大工作上，党的意志体现得更加准确、完整、充分，在理论、制度、实践层面都有新突破、新发现、新成果。机构改革提升了党的统筹决策能力，理顺了党和政的关系，提供了执政党引领、组织、指挥社会其他各种力量同舟共济的重要制度保障。网民评论称："切实感受到了机构改革带来的政府服务新气象，百姓干事创业新热潮。""希望继续巩固机构改革成果，让改革后的机构职能发生更多化学反应。"

基层减负取得显著成效。2019年3月11日，中共中央办公厅印发《关于解决形式主义突出问题为基层减负的通知》。《通知》围绕为基层减负，从以党的政治建设为统领加强思想教育、整治文山会海、改变督查检查考核过多过频过度留痕现象、完善问责制度和激励关怀机制等方面，提出了务实管用的举措，还明确提出将2019年作为"基层减负年"。《光明日报》评论称，明确将2019年作为"基层减负年"，充分体现了习近平总书记心系基层、关爱干部的深厚情怀，表明了党中央坚定不移全面从严治党、持之以恒狠抓作风建设的坚定决心，树立了为基层松绑减负、激励广大干部担当作为的实干导向。《人民日报》发表题为《让广大基层干部轻装上阵》的评论文章称，基层减负工作成效显著、深得人心，关键原因在于不折不扣抓落实，每一项减负举措都直指基层负担重的堵点、痛点。网民评论称，"为基层减负以来，感触最大的就是从'厚重'的文件、'繁重'的会议中抽出身来,有更多的时间为群众解难题、办实事了。""基层只有不断减负,在民生等方面倾注更多的精力,才会让人民满意和放心。"

对外开放全方位扩大。习近平总书记指出,改革开放40年使我们获得了自信,这是中国的必由之路。这条路我们会一直走下去,越是有阻力,越是有人为设置的障碍,我们越要迎难而上,进一步扩大开放①。2019年一系列扩大对外开放政策陆续出台。3月,十三届全国人大二次会议表决通过了《中华人民共和国外商投资法》;8月,上海自贸试验区临港新片区方案出炉,《中共中央国务院关于支持深圳建设中国特色社会主义先行示范区的意见》全文发布;9月,国务院正式批复设立山东、江苏、广西、河北、云南、黑龙江6个自贸试验区;11月5日,习近平主席在第二届进博会开幕式上发表题为《开放合作 命运与共》的主旨演讲,宣布了进一步降低关税和制度性成本、加快推进海南自由贸易港建设、放宽外资市场准入、完善知识产权保护法律体系等一系列具体开放举措;12月12日国务院常务会议通过《中华人民共和国外商投资法实施条例(草案)》,实化促进和保护外商投资的措施,以法治推进更高水平对外开放。

2019年我国推动各领域全方位扩大对外开放相关政策举措获得境内外舆论一致好评和高度赞赏。中国新闻网等境内主流媒体认为,通过外商投资法,将为中国积极有效利用外资、推动新一轮高水平对外开放提供更加有力的法治保障。国研智库首席经济学家赵晋平称,相关举措将会吸引更多跨国公司来华投资、从中国巨大市场中分享发展红利。中国美国商会调研显示,有2/3的美国公司将中国市场列为最具吸引力的投资地前三位。新加坡《联合早报》

---

① 习近平:扩大开放越有阻力,越要迎难而上.新华网. http://www.xinhuanet.com/politics/leaders/2019-11/22/c_1125264156.htm.

称，一系列扩大开放的举措密集宣布，彰显中国加大力度推进对外开放进程。日本国际贸易投资研究所首席经济学家江原规由称，中国再次向世界传递了强烈信号，即中国对外开放的大门只会越开越大。随着中国持续推进更高水平对外开放，人们将看到一个更加开放包容的中国[①]。

三大攻坚战取得关键进展

防风险攻坚战向纵深推进。防范化解重大风险是决胜全面建成小康社会三大攻坚战的首要战役。2019年1月21日，省部级主要领导干部坚持底线思维着力防范化解重大风险专题研讨班在中央党校开班。习近平总书记在开班式上发表重要讲话，对当前总体形势、我国面临重大风险类别以及如何防范化解等问题作出了重要指示。《中国经济时报》等称，防范化解重大风险攻坚战计划分三年推进，2018年制定行动方案并落实工作举措，已实现良好开局；2019年承上启下，全面纵深推进各项任务部署；2020年是攻坚战收官之年，力争从基本完成风险治标逐步向治本过渡。《中国金融》杂志等称，金融风险是当前最突出的重大风险之一，打好防范化解重大金融风险攻坚战是当前金融工作的重中之重。2019年，面对全球经济复苏不确定性上升、我国经济下行压力有所加大等内外部挑战，防范化解重大金融风险攻坚战向全面、纵深不断推进，取得积极成效。中新网、《中国城乡金融报》等媒体解读2019年11月25日中国人民银行发布的《中国金融稳定报告（2019）》称，过去一年，在党中央国务院的领导下，监管部门针对不同风险分类施策，取得了良好开局。经过一年多的集中整治，我国金融风险由前几年的快速积累逐渐转向高位缓释，已经暴露的金融风险正得到有序处置，金融市场平稳运行，金融监

---

① 国际社会：2019年中国扩大开放跑出加速度.人民日报海外版.2019年12月12日.

管制度进一步完善，守住了不发生系统性金融风险的底线。

脱贫攻坚战取得决定性胜利。脱贫攻坚是全面建成小康社会的底线任务和标志性指标，也是习近平总书记最为牵挂的一件大事。为如期全面打赢脱贫攻坚战，2019年年初，习近平总书记做出脱贫攻坚"不获全胜，决不收兵"的庄严承诺。2019年12月19日，全国扶贫开发工作会议在北京召开，对2019年脱贫攻坚工作进行全面总结和整体回顾，认为2019年中国脱贫攻坚取得决定性胜利，也为2020年全面打赢脱贫攻坚战奠定了坚实基础[①]。《人民日报》、中国新闻网、澎湃新闻网等媒体网站从四个方面梳理了2019年我国脱贫攻坚取得的成就：一是年度脱贫攻坚任务全面完成，减少贫困人口1000万人以上，约340个贫困县脱贫摘帽，易地扶贫搬迁建设任务基本完成。二是"三区三州"脱贫攻坚实施方案进展顺利，建档立卡贫困人口由2018年的172万减少到2019年底的43万，贫困发生率由8.2%下降到2%，排查并解决500万人"两不愁三保障"问题。三是脱贫攻坚巡视和考核发现问题整改成效显著，脱贫攻坚考核指出的地方1094个问题、中央单位定点扶贫439个问题，督查巡查指出的155个问题，地方自查发现的5778个问题，整改基本到位。四是东西部扶贫协作和定点扶贫强力推进。2019年，扶贫协作协议和定点扶贫责任书年度任务超额完成，实际完成数均超过上一年。2019年脱贫攻坚取得了亮眼的成绩单，得到了境内外舆论的普遍赞誉。中国新闻网评论称，2019年的减贫成就为2020年的收官之战打下坚实基础，使我们能集中精力攻克深度贫困地区的堡垒，确保全面小康社会的建成。美国多维新闻网称，中国官方数据显示，2019年深度贫困区脱贫攻坚实施方案进展顺利，脱贫成效显著。

污染防治攻坚战取得重大进展。综合新华网、经济参考报等消息称，

---

① 全国扶贫开发工作会议在京召开 确定2020年脱贫攻坚任务.人民网. http://rmfp.people.com.cn/n1/2019/1221/c406725-31516853.html.

十九大以来，我国聚焦打赢蓝天保卫战等七大标志性重大战役①，全力以赴打好污染防治攻坚战，取得重大进展。2019年1月1日起，《土壤污染防治法》正式实施，打破了我国土壤污染防治长期以来无法可依的局面，为扎实推进"净土保卫战"提供了法治保障。2019年，打赢蓝天保卫战加速攻坚。生态环境部会同各地各有关部门精准聚焦，从加快产业结构、能源结构、运输结构等方面，推进全国环境空气质量持续改善。2019年，也是打赢碧水保卫战的关键一年。在长江经济带覆盖的上海、湖北、贵州等沿江11省市范围内，以长江干流、主要支流及重点湖库为重点开展保护修复行动；全国31个省份饮用水水源地环境保护专项行动工作进一步向县级纵深推进。2019年，环保执法力度不断增强，第二轮中央生态环境保护督察八个督察组分别对福建、上海等六个省（市），以及中国五矿、中国化工两家中央企业展开督察，这是环保督察工作首次向央企覆盖。此外，通过不断深化环评和排污许可体制机制建设。

在一系列组合拳之下，我国生态环境质量总体改善，污染防治成绩斐然，美丽中国展开新画卷：水更清。生态环境部数据显示，2019年1月—12月，1940个国家地表水考核断面中，水质优良（Ⅰ-Ⅲ类）断面比例为74.9%，同比上升3.9个百分点；劣Ⅴ类断面比例为3.4%，同比下降3.3个百分点。天更蓝。2019年11月，全国337个地级及以上城市平均优良天数比例为85.4%，同比上升3个百分点；PM2.5浓度为41微克/立方米，同比下降8.9%。土更净。"十三五"以来，全国关停涉重金属行业企业1300余家，实施重金属减排工程900多个，重金属等污染物排放得到有效控制②。根据中国社科院发布的《中国

---

① 《中共中央国务院关于全面加强生态环境保护坚决打好污染防治攻坚战的意见》明确要求打好蓝天、碧水、净土三大保卫战，打赢蓝天保卫战，打好柴油货车污染治理、水源地保护、黑臭水体治理、长江保护修复、渤海综合治理、农业农村治理攻坚战等七大标志性重大战役。

② 2019，这些民生获得感实实在在. 新华网.http://www.xinhuanet.com/politics/2019-12/29/c_1210414710.htm.

生态治理发展报告（2019—2020）》，从国家层面生态治理情况及变化总体上看，我国空气环境和水环境治理效果最好，其次是污染处理和居民生活改善。从动态来看，全国生态治理水平稳步提高，居民生活和污染处理增幅最大。数据表明，我国在实施生态治理过程中，特别是环境污染治理成效显著。

2019 年，三大攻坚战稳扎稳打，取得了一系列关键进展，农村贫困人口大幅减少，生态环境质量持续改善，守住了不发生系统性风险的底线，为决胜全面建成小康社会奠定了坚实基础。舆论高度评价三大攻坚战取得的辉煌成就，全国各族人民对如期实现全面建成小康社会目标的信心和决心空前高涨。中国发展网称，2019 年，三大攻坚战取得关键进展，"十三五"规划主要指标进度符合预期，全面建成小康社会胜利在望。网民评论称，在中华民族五千年文明史上，一个划时代的"小康元年"正向我们走来。

第三节　外交：人类命运共同体拓展新维度

2019 年，以习近平同志为核心的党中央引领中国特色大国外交阔步前行，通盘谋划对外工作大局，推动共建"一带一路"高质量发展，积极推动建设新型国际关系、构建人类命运共同体。2019 年，中国外交呈现出国际与国内联动，客场与主场呼应，双边与多边结合等特点。一方面，主场外交精彩纷呈，第二届"一带一路"国际合作高峰论坛、亚洲文明对话大会等相继圆满落幕，成为阐释中国政策、贡献中国智慧的重要平台。另一方面，元首外交引领航向，习近平主席走出国门、跨越山海，先后7次出访，足迹遍布世界各地，不断完善中国伙伴关系全球布局，编织坚定广阔的"朋友圈"。

主场外交精彩纷呈

第二届"一带一路"国际合作高峰论坛成果丰硕。2019年4月,首都北京春意盎然、燕山脚下、雁栖湖畔,五洲宾客应邀前来,第二届"一带一路"国际合作高峰论坛如约举行。4月26日,国家主席习近平出席论坛开幕式,并发表题为《齐心开创共建"一带一路"美好未来》主旨演讲。38个国家元首和政府首脑以及联合国秘书长等共40位领导人出席圆桌峰会,来自150个国家、92个国际组织的6000余名外宾应约而来,共同开创共建"一带一路"的美好未来。习近平主席强调,共建"一带一路"要向高质量发展,要秉持共商共建共享原则,坚持开放、绿色、廉洁理念,实现高标准、惠民生、可持续目标。这些重要内容完整写入了圆桌峰会联合公报,成为国际共识。与会嘉宾纷纷发出支持多边主义、建设开放型世界经济的共同声音。

第二届"一带一路"国际合作高峰论坛取得了丰硕成果,形成了一份283项的成果清单,中外企业对接洽谈,签订了价值超过640亿美元的合作协议,缔结了一大批合作项目,展现了"一带一路"带来的巨大商机和互利共赢的务实成果。"一带一路"倡议提出近6年来,以基础设施建设为主线、加强全方位互联互通,共建"一带一路"为世界经济增长挖掘新动力,为国际经济合作打造新平台。在全球贸易持续低迷的背景下,2013至2018年,中国与"一带一路"沿线国家货物贸易总额超过60000亿美元,年均增长4%。

第二届"一带一路"国际合作高峰论坛的召开,引发境内外舆论广泛关注和高度赞赏。网络大数据监测显示,网上共有相关消息53万余条,包括8.7万余篇新闻报道,40万余条微博消息等。"一带一路"、"共建"、"共赢"、"高质量"、"国际"、"演讲""市场"等词语成为网络舆情高频词汇,显示第二届"一带一路"国际合作高峰论坛成果显著,引领国际合作走向共赢。联合国秘书长古特雷斯称,"一带一路"倡议成为非常重要的实现可持续发展目标能力的机遇，一个拓展绿色前景的重要机遇。有助于为所有人创造一个更加公平、繁荣的世界，并扭转气候变化的负面影响。①

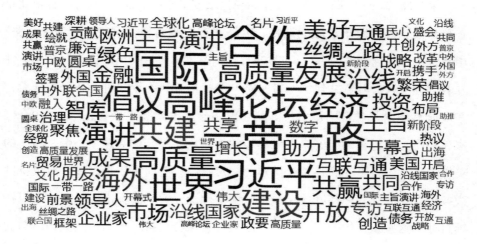

图2-1　第二届"一带一路"国际合作高峰论坛关键词云图

北京世界园艺博览会绚丽多彩。4月28日，在雄伟的长城脚下，美丽的妫水河畔，110个国家和国际组织、120余个非官方参展者相聚在一起，共同拉开2019年中国北京世界园艺博览会大幕。国家主席习近平出席2019年中国北京世界园艺博览会开幕式，并发表题为《共谋绿色生活，共建美丽家园》的重要讲话，强调顺应自然、保护生态、绿色发展。地球是全人类赖以生存的唯一家园，中国愿同各国一道，共同建设美丽地球家园，共同构建人类命运共同体。

北京世界园艺博览会展期长达162天，创造了多项世界纪录。新京报、中国园林网等媒体梳理：一是规模宏大，是迄今展出规模最大、参展国家最多的一届世界园艺博览会，共有110个国家和国际组织参加，共吸引了934万中

---

① 联合国秘书长古特雷斯："一带一路倡议"可以帮助缩小实现可持续发展目标的巨大资金缺口.21世纪经济报道.https://m.21jingji.com/article/20190427/herald/ed57.

外观众前往参观。二是展览内容丰富，在503公顷土地上营造百余个风格迥然、形态各异的"园中园"，同时保留和新增树木23万棵，荟萃国内外园艺精品8000多种，集中展示了820多种蔬菜、果树、中草药，生动诠释了人与自然和谐共处的理念。三是我国花卉园艺产业新成果获充分展示，展示各类展品超过200万株（件），新品种、新产品超过2万件，一大批自主培育的具有知识产权的新品种精彩亮相。四是文化活动精彩纷呈，共计3284场，涵盖国家日、荣誉日、省区市日等，吸引观众310多万人次，促进了绿色产业合作和多元文化交流。

北京世界园艺博览会获得境内外舆论高度关注和广泛好评。网络大数据监测显示，网上共有相关消息4.3万余条，包括1.1万余篇新闻报道，2.9万余条微博消息等，开幕及闭幕期间均形成网上舆情峰值。"绿色"、"世界"、"美丽"、"文化"、"生态"、"魅力"、"绽放"等成为网络舆情高频词汇。国际展览局主席克里斯滕森称赞北京世园会精彩绝伦，是一次巨大成功，令人印象深刻，同时组织执行高效有力，筹办水平提升到了新的高度[1]。国际园艺生产者协会主席贝尔纳德·奥斯特罗姆表示，"北京世园会让绿色理念更深入人心，也把世界园艺博览会这一旨在推动绿色理念的活动带到更多国家。"[2]。

---

[1]　国际展览局高度评价北京世园会.人民网. http://world.people.com.cn/n1/2019/1128/c1002-31480173.html.

[2]　专访：北京世园会将产生深远影响——访国际园艺生产者协会主席奥斯特罗姆.新华网 http://www.xinhuanet.com/politics/2019-04-26/c_1124422133.htm.

图2-2 北京世界园艺博览会关键词云图

亚洲文明对话大会盛况空前。2019年5月15日，亚洲文明对话大会在首都北京隆重举行。在47个亚洲国家和五大洲各方嘉宾瞩目下，习近平主席在大会开幕式上发表主旨演讲，提出加强文明交流互鉴的中国主张，郑重宣示相互尊重、和谐共处的中国理念，为世界和平发展开辟新路径，为构建亚洲和人类命运共同体指明了方向。当天晚上，亚洲文化嘉年华在北京国家体育场"鸟巢"举行，国家主席习近平出席并发表致辞。

大会还举办了丰富多彩的亚洲文明周活动，吸引民众踊跃参与。大会在广泛凝聚各方共识基础上，发布《亚洲文明对话大会2019北京共识》文件；参加大会的中外机构签署一系列多边、双边倡议和协议，发布一批重大项目成果和研究报告，形成了一批推动文明交流互鉴的务实举措和合作成果，共4大类26项。

亚洲文明对话大会及习近平主席的演讲获得与会各界的积极评价，并在海内外舆论中广获赞誉。网络大数据监测显示，大会期间，网上共有相关消息260万余条，包括28万余篇新闻报道，120万余条微博消息，100万余条微信文章等。"交流互鉴"、"合作"、"共同体"、"多元"、"开放"等成为新闻报道高频词汇，凸显大会对促进亚洲地区文化交流合作的重要意义。境内舆论纷纷解读称，创建亚洲文明大会既是为促进亚洲及世界各国文明平等对话、交流互鉴提供了一个新的平台，也是为充满不确定性不稳定性的世界实现更好发展再次贡献中国方案、中国智慧、中国力量。俄罗斯卫星通讯社报道称，中国举办亚洲文明对话大会"既涉及不同文明的共同特点，又保留了各文明的特色和价值，不管是大型文明还是小型族群都被包容进来"。新加坡总统哈莉玛称，"习近平主席倡导举办亚洲文明对话大会恰逢其时，给我们树立了很好的榜样，有助于各方探索如何更好地让世界人民受益，以及如何在亚洲文明以及世界各国文明之间进行对话。"[①]

图2-3　亚洲文明对话大会关键词云图

第二届中国国际进口博览会光彩夺目。2018年，中国国家主席习近平在首届中国国际进口博览会上郑重承诺，"中国真诚向各国开放市场，中国国际

---

① 亚洲文明对话大会精彩纷呈 有力促进文明交流互鉴.中国新闻网.http://www.chinanews.com/gn/2019/05-22/8844280.shtml.

进口博览会不仅要年年办下去，而且要办出水平、办出成效、越办越好。"一年后的2019年11月5日至10日，第二届进博会在上海如约而至。习近平主席在开幕式当天发表题为《开放合作命运与共》的主旨演讲，24次提及"开放"。习近平在上述主旨演讲中首先强调，继续扩大市场开放。

本届进博会共有181个国家、地区和国际组织参会，3800多家企业参加企业展，超过50万名境内外专业采购商到会洽谈采购，展览面积达36万平方米。截至11月10日中午12时，累计进场超过91万人次。本届进博会交易采购成果丰硕，按一年计，累计意向成交711.3亿美元，比首届增长23%。新品发布平台共组织53场发布活动，推出多项新产品和新技术。为期3天的供需对接会上，来自103个国家和地区的1367家参展商、3258家采购商进行了多轮"一对一"洽谈，达成成交意向2160项。巨大成果令世界惊叹。

网络大数据监测显示，第二届中国国际进口博览会受到舆论高度关注。会议召开期间，网上共有相关消息38.6万余条，包括2.2万余篇新闻报道，30万余条微博消息等。"进口"、"开放"、"合作"、"市场"、"创新"等成为新闻报道高频词汇，显示了中国扩大开放的坚持和决心受到舆论普遍赞誉。多国政府官员和专家学者接受媒体采访并高度评价第二届进博会。古巴通信部长豪尔赫·路易斯·皮尔多莫表示，进博会为古巴和世界各国提供机遇，所有受单边主义及贸易保护主义措施影响的国家都能在进博会找到相应的发展空间①。《华尔街日报》等称，2019年美国企业对进博会的积极性相当高，居各参展国首位，美国公司非常热衷于在中国开发商机。《俄罗斯报》评论认为，中国重信守诺，以对外开放的实际行动，坚定维护多边主义和全球自由贸易秩序。

---

① 专访古巴通信部长豪尔赫·路易斯·皮尔多莫——进博会为古巴和世界各国提供合作机遇.
人民网.http://world.people.com.cn/n1/2019/1105/c1002-31438127.html.

图2-4　第二届中国国际进口博览会关键词云图

元首外交引领航向

又踏层峰望眼开。2019年3月21日至26日，国家主席习近平应邀对意大利、摩纳哥、法国进行国事访问，开启2019年首次出访。6天5夜，三国五城，习主席密集出席了40多场双多边活动，与欧洲领导人话友谊、论责任、谈合作、谋发展。央视网评论称，习近平主席此访引领中国同意大利、摩纳哥、法国关系迈上新的征程，推动共建"一带一路"在亚欧大陆开辟新的空间，为中欧全面战略伙伴关系注入新的动力。"又踏层峰望眼开"，面临世界百年未有之大变局，习近平主席此访致力于深化伙伴合作，致力于完善全球治理，致力于捍卫多边主义，体现了中国作为负责任大国的境界和担当，受到国内外舆论高度评价。

千磨万击还坚劲。2019年6月5日至7日，国家主席习近平应邀对俄罗斯进行国事访问并出席第二十三届圣彼得堡国际经济论坛。新华社报道称，不到3天时间里，习近平主席辗转莫斯科、圣彼得堡两地，出席近20场活动，政经文相济，双多边兼顾，叙友谊、聚共识、促合作，取得丰硕成果。两份联合声明尤受瞩目。一份是《中俄关于发展新时代全面战略协作伙伴关系的联合声明》，在建交70周年的时间节点上，中俄关系发展蓝图亮相；另一份是《中俄关于加强当代全球战略稳定的联合声明》，国际形势越是复杂多变，越是呼唤两国携手担当。人民日报海外版刊载外交部部长王毅介绍此访情况称，这次访问释放的明确信号是，中俄深化互信协作的共识牢不可破，中国倡导互利共赢的信念坚不可摧，任尔乱云飞渡、凭他风吹浪打，千磨万击还坚劲，为大国关系确立稳定性，为全球发展注入新活力，为国际社会增添正能量。

青山着意化为桥。2019年6月12日至16日，国家主席习近平应邀对吉尔吉斯坦、塔吉克斯坦进行国事访问，并出席在比什凯克举行的上海合作组织成员国元首理事会第十九次会议和在杜尚别举行的亚洲相互协作与信任措施会议第五次峰会。《人民日报》刊载评论文章称，5天4夜里，习近平主席不辞辛苦，先后出席30多场双多边活动，巩固了友谊互信，增进了理解共识，收获了丰硕成果。"青山着意化为桥"，巍峨的天山山脉和帕米尔高原见证着中国外交坚定从容，稳步前行[1]。人民网评论称，西出阳关皆故人。此访如桥，沟通中吉、中塔好朋友，弘扬上海精神，引领亚信合作，推动"一带一路"建设在更高起点再出发[2]。

历久弥坚金不换。2019年6月20日至21日，国家主席习近平对朝鲜民主主义人民共和国进行国事访问，在中朝建交70周年的重要节点，成为两国关系

---

[1] 青山着意化为桥——国务委员兼外交部长王毅谈习近平主席访问吉尔吉斯斯坦、塔吉克斯坦并出席上海合作组织比什凯克峰会和亚信杜尚别峰会.《人民日报》（2019年06月17日02版）

[2] 字述习近平主席2019年7次出访.人民网.http://china.chinadaily.com.cn/a/201912/31/WS5e0aec-3ca31099ab995f4998.html

交往史中的一座重要里程碑。两党两国最高领导人深入交流，畅谈传统友谊，探讨友好合作，共商和平稳定，擘画中朝关系更加美好的未来。习近平在朝鲜《劳动新闻》等主要媒体发表题为《传承中朝友谊，续写时代新篇章》的署名文章指出，长期以来，在中朝两党坚强领导下，不论是在共同反对外来侵略、争取国家独立和民族解放的斗争中，还是在开展社会主义革命和建设事业中，两国人民都彼此信赖，相互支持，相互帮助，结下了深厚友情，可以说是"历久弥坚金不换"。

不畏浮云遮望眼。6月27日至29日，国家主席习近平应邀赴日本大阪出席（G20）二十国集团领导人第十四次峰会。两天时间里，习近平主席接连出席20多场活动。央视网对习近平主席此访行程进行了梳理报道：1次"峰会大多边"讲话、3个"特色小多边"活动、8次双边会见……满满当当的日程安排中，习近平忙碌的身影让世人再次看到中国拥抱世界、与各国共享发展机遇的开放胸怀与合作姿态。新华社报道称，此次G20峰会是在国际局势变乱交织的历史关口举行。习近平主席站立时代潮头，不畏浮云遮望眼，从构建新型国际关系和人类命运共同体的高度，为世界经济和全球治理明确方向，为大国关系和国际合作把脉开方，展现了中国领导人的远见卓识，发挥了负责任大国的作用担当。

道阻且长，行则将至。2019年10月11日至13日，国家主席习近平应邀赴印度出席中印领导人第二次非正式会晤、对尼泊尔进行国事访问。中印两国领导人就各自国家经济发展的共同愿景和目标交换了意见，决定2020年为"中印人文交流年"。中尼两国领导人共同出席了双边合作文本交换仪式，共同发表了《中华人民共和国和尼泊尔联合声明》。国内外舆论高度关注，普遍认为这是一次具有重要历史性意义的访问。央视网评论称，习近平主席此访是中国特色大国外交又一次成功实践。喜马拉雅山脉将中国同印度、尼泊尔相隔，但是"道阻且长，行则将至"。习近平主席以真心交朋友，以诚心化分歧，以恒心促合作，体现了将天堑变通途、推动构建周边命运共同体的决心和担当。

相知不以万里远。2019年11月10日至14日，国家主席习近平应邀对希腊进行国事访问，并赴巴西出席金砖国家领导人第十一次会晤。新华网称，习近平主席此访希腊，是东方文明同西方文明的交汇，展示出中希两个伟大古老文明的和合之美。两国签署了涉及金融、能源等领域的多项协议。此次金砖国家领导人巴西利亚会晤是在世界经济发展和国际格局演变的关键时刻举行的。习近平主席提出中方政策主张，强调推进政治、经济、人文"三轮驱动"，为金砖国家加强团结合作、打造第二个"金色十年"指明了方向。会晤发表了领导人宣言，充分吸纳了中方的立场和主张。央视网评论称，相知不以万里远，此访穿越欧洲拉美，汇聚金砖五国，话友好，论大势，谋共赢。习近平主席与各国领导人深入交流对话，使绵延千年的东西方文明跨越时空，焕发出新时代的光芒。

2019年，习近平主席引领新时代中国外交巨轮破浪前行，高举构建人类命运共同体旗帜，维护多边主义，引领全球治理变革，成为世界乱象中的中流砥柱。正如央视网评论文章所说，以政治家的境界阐释理念，以战略家的眼光发出倡议，以实干家的气魄推动合作，以外交家的风范凝聚共识，习近平大国外交的中国智慧，赢得世界喝彩[①]。21世纪第三个十年的大门徐徐打开。在世界大变局与中国新时代相互激荡的大时代，中国特色大国外交必将乘风破浪，坚定前行，书写更加精彩壮丽的篇章[②]。

① 习近平大国外交的中国智慧.央视网. http://news.cctv.com/2019/12/02/ARTIldF1RkJRF6T99Pngbt-jg191202.shtml.

② 大变局大时代，中国坚定前行——二〇一九年习近平主席引领大国外交展现作为担当.新华社.

第三章　国际局势：风云变幻显本色

习近平主席在2018年金砖国家工商论坛上指出，未来10年，将是世界经济新旧动能转换的关键10年，是国际格局和力量对比加速演变的10年，是全球治理体系深刻重塑的10年。[①]作为这关键10年的第一个年头，2019年的国际局势，既是变乱交织、挑战上升的一年，也是潜藏机遇、求新求变的一年。这一年，国际局势跌宕起伏，大国竞争博弈加剧、国际治理赤字增加、世界经济持续低迷，多国爆发大规模抗议示威活动。这一年，"百年未有之大变局"加速演变的特征更趋明显，多边主义和单边主义之争日益尖锐，保护主义和民粹主义暗流持续涌动，强权政治和霸凌行径四处横行。这一年，全球化和多极化在曲折中负重前行，新一轮科技革命和产业变革正在破茧而出，以"一带一路"倡议和构建人类命运共同体为代表的"中国方案"，为破解国际乱局、推进全球治理体系变革提供了新思路。

第一节　乱象频发：抗议示威活动席卷全球

2019年的国际局势乱象丛生、危机频发，突出表现在全球动荡源和风险点进一步增多，国际安全形势更加复杂严峻，全球安全治理举步维艰。人民

---

① 习近平：在2018年金砖国家工商论坛上的讲话.

网称，如果用一个字来概括2019年国际局势动向，就是"乱"。

从法国持续的"黄马甲"运动，到英国的漫漫"脱欧"路；从举世震惊的偷渡客集装箱死亡案，到叙利亚国土上的多国多方复杂争斗；从中东黎巴嫩0.2美元网络通话收费引发大抗议、总理辞职，到智利3毛钱地铁票价上涨引发大骚乱、总统道歉；从西班牙"跨行业大罢工"，到英国"反抗灭绝"大示威；从意大利的"黑色星期五"，到伊拉克的一波又一波年轻人示威；从南美玻利维亚的"国家紧急状态"，到非洲埃塞俄比亚的暴力骚乱；从年初的新西兰清真寺枪击案，到年末的英国伦敦桥袭击事件……

回顾这一年，从年初到年尾，多国政局动荡不安，抗议示威活动席卷全球。从欧洲到美洲，从中东到南亚，从老牌的发达国家到一度靓丽的新兴经济体，游行示威罢工与暴力骚乱在几十个国家和地区发生，全球一片乱象，呈现出规模大、范围广、诉求多、时间长、处置难等特点，特别是去中心化、暴力化势头日益强烈，引发全球各方舆论的持续高度关注（2019年国际热点事件舆论关注度排行详见图1-1）。受各国内外部环境等多重因素影响，当前的抗议示威活动起伏不定，应对形势极为严峻，一些国家的政治和社会动荡向周边地区乃至全球蔓延扩散，凸显全球出现"信任危机"苗头，民生问题已逐步蔓延至政治层面。

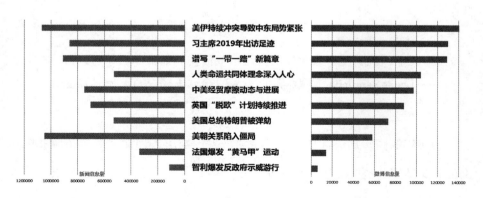

图3-1　2019年国际热点事件舆论关注度排行

其中，法国"黄马甲运动"起起伏伏，一直没有彻底停歇，成为2019年网络舆论关注的热点事件，境内媒体和网民也给予高度关注。通过百度可检索到相关新闻信息7.2万余条。中新网等称，2018年11月，法国多地爆发了大规模抗议活动，由于示威者身穿黄马甲而被称为"黄马甲运动"。示威者起初是因为不满油价持续上涨以及政府调高燃油税而上街抗议，但诉求迅速扩大到其他领域，要求解决收入不平等、降低普通民众税费负担、提升"草根"及中产阶层购买力，以及要求法国总统马克龙下台等。"黄马甲运动"参与人数众多，持续时间长，是法国50年来最大的暴力骚乱活动，不仅重创法国经济，也给法国政治、社会等各领域造成了巨大的影响。此外，"黄马甲运动"还向其他国家蔓延，荷兰、比利时、意大利、以色列甚至伊拉克、加拿大等国家和地区也出现了类似的抗议示威运动。

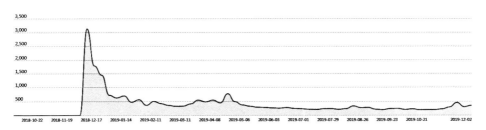

图3-2　百度有关"黄马甲运动"的检索指数趋势图

综合媒体报道，2019年，有多个国家因为政策调整，有的甚至是极其微小的物价调整，就引发了大规模的抗议示威活动。如，2019年9月，印尼国会对外宣布计划通过新刑法，把婚外性行为、堕胎及侮辱总统等列作违法行为，引起大量抗议和不满。成千上万的学生连续多日走上街头，包围印尼国会，向国会大楼投掷石块，抗议国会拟定的新刑法。

2019年10月2日，南美洲国家厄瓜多尔宣布取消对汽油等燃油的价格补贴导致油价大涨，引发民众不满。成千上万示威者涌入首都，占领政府大楼、油田、水处理设施，甚至在城市主干道燃烧轮胎，造成城市交通严重瘫痪。

2019年10月6日，智利政府决定把首都圣地亚哥的公交地铁票价提高30比索（约合人民币0.3元），引发民众不满。成千上万智利民众在全国各大城市发起各种抗议活动。部分示威者甚至点燃公交车、打砸地铁站、抢劫超市，与防暴警察发生冲突。受此影响，智利被迫取消将于当年11月和12月在圣地亚哥举行的APEC（亚洲太平洋经济合作组织）领导人非正式会议和联合国气候变化大会，引发全球舆论哗然。

2019年10月17日，黎巴嫩政府宣布拟向民众加征烟草、燃油等税项，用WhatsApp等通讯软件打电话也将被征0.2美元/天的税，引发大规模的民众示威活动。抗议示威活动导致全国范围主要交通受到严重影响，银行、学校等机构大面积关闭，且造成众多人员伤亡。

图3-3　网上有关国际局势相关话题词云图

还有部分国家由于选举、领导人变动等政治类原因引发持续的抗议活动。

中新网消息称，2019年伊始，拉美大地就发生了政治大地震。1月10日，委内瑞拉总统马杜罗在最高法院宣誓就职，开启为期6年的第二任期。不过，美国副总统彭斯指责马杜罗操控大选，营私作弊，是"无合法权力的独裁者"。随后，委内瑞拉议会主席瓜伊多自封为"临时总统"。一年来，马杜罗与反对派一直处于交锋博弈状态，委内瑞拉政局动荡不止，冲突频仍，社会分化，使本来已处于严重危机中的国家经济雪上加霜。

2019年8月31日，英国伦敦、伯明翰、曼彻斯特、格拉斯哥、约克等30多座城市同时爆发大规模抗议示威活动，包括特拉法加广场在内的伦敦多个景点被迫关闭。示威者抗议英国首相约翰逊强行令英国议会休会，以避免议会干扰其无协议脱欧计划。反对派和广大示威者将约翰逊的举动称之为"政变"，并称其为对英国民主和议会的"袭击"行为。

2019年10月14日，西班牙最高法院对9名加泰罗尼亚分离主义（主张将加泰罗尼亚语地区从西班牙独立成为一个主权国家）领导人分别判处9至13年的有期徒刑。这一判决结果引发了民众的抗议，加泰罗尼亚首府巴塞罗那爆发了几十年来西班牙最暴力的抗议活动，50余万人走上街头，封锁道路，点燃汽车，上百航班被取消。

2019年10月21日，南美国家玻利维亚选举机构公布总统大选最新计票结果，现任总统莫拉莱斯有望连任。由于结果与此前的初步计票不同，玻利维亚多个城市爆发抗议活动，并最终演变成暴力冲突，成千上万的民众走上街头，组织罢工并且封锁道路。在连续不断的大规模民众抗议示威压力下，莫拉莱斯不得不宣布辞职，飞赴墨西哥寻求政治庇护，后又转到阿根廷政治避难。

舆论认为，2019年，全球各地密集爆发的抗议示威活动呈现出诸多新动向、新特点，如示威抗议活动范围广、规模大，显示出全球陷入信任危机。自媒体"走出去智库"等称，示威抗议活动在南美、中东、西亚、欧洲等地区的不同国家同时发生，在近几十年来十分少见。尤其是部分素来局势稳定的国家发生此类活动十分不同寻常。如智利作为高收入国家，近年来国内局势平稳，经济形势向好，发生暴乱活动较为出人意料。同时，这些示威抗议活动往往参与人数众多，出现"四处开花"的势头。如法国的"黄马甲运动"累计多达数百万人参加，西班牙泰罗尼亚游行示威活动也有数十万人参加；黎巴嫩示威者组成"人链"，"绵延170千米长"，参与者数以万计。同时，智利、伊拉克、厄瓜多尔的示威活动在全国范围内一齐爆发，波及多个城市。分析人士指出，全球各地同时出现大规模示威抗议活动，背后是人们的期望未得到满足，导致对政治领导人、经济和制度体系产生了失望。联合国秘书长古特雷斯称，尽管在各地引发抗议的具体原因各不相同，但都反映出公民与政治阶层之间所缔结的"社会契约"正在受到越发严重的威胁。

事实上，部分示威抗议活动燃点低、诉求多，很多是由不起眼的民生问题引爆，进而蔓延至政治层面。东方网称，智利的示威抗议活动由"3毛钱"引发，黎巴嫩抗议活动由"1块多的数字税"激化，当前发生的部分抗议示威活动爆发的"阈值"较低，往往是各国政府始料未及的。很多参加抗议的人都是长久以来觉得他们国家的财富机遇与他们无关。在一些个案中，仅仅是某种重要公共服务的价格提升，就能成为"压倒骆驼的最后一根稻草"。而在政府妥协让步之后，一些示威抗议活动仍然不依不饶，直接将诉求转化为政治层面的行动，如智利政府暂缓提高公共交通价格的计划，抗议行动却仍然持续，并进一步扩大为要求重新组阁；黎巴嫩的示威活动由征税转化为反抗"富人政治"，要求惩治贪污腐败等。联合国开发计划署发布的《2019年人类发展报告》指出，当前席卷全球的示威活动显示，尽管人们在消除贫困、饥饿和疾病方面取得了空前的进程，但许多社会仍未按照应有的方式运转，其中存在的关键问题是不平等。

尤其值得关注的是，部分示威抗议活动暴力化、处置难趋势增强，恐将引发更为深远的影响。上海政法学院研究员周秋君称，2019年以来，法国"黄马甲运动"愈发呈现出暴力化、激进化趋势。文汇网等称，近期多国发生的抗议示威活动呈现出参与者严重暴力化的倾向，加大各国政府的应对难度。如西班牙加泰罗尼亚分裂组织采取打砸、纵火等暴力方式进行示威；厄瓜多尔示威活动中出现大规模蒙面持棒劫持警察，占领公共场所，潜入国会等行动；黎巴嫩示威者焚烧轮胎，堵塞通往机场的道路，又试图冲进政府总部，与安全部队爆发暴力冲突。而反观各国应对方面，无论是以伊拉克为代表的强硬举动，还是以智利为代表的退让举措，均未能有效平息抗议活动，智利不得不宣布取消APEC峰会，而伊拉克还因此受到联合国的关注和谴责。

此外，部分示威活动还出现明显的"去中心化"特征。如法国的"黄马甲"抗议突如其来，具有突发性，由对燃油税不满的普通民众自发组织，成员和诉求五花八门，主要是借助社交媒体等虚拟网络推动而不是由传统的社团及其领导人发起，缺乏组织性，也没有明确的领导人与政治纲领，"去中心化"特征明显。法国政府在试图与之对话时，甚至找不到谈判对象。学者卜永光认为，社会运动是指"许多个体参加的、高度组织化的、寻求或反对特定社会变革的制度外政治行为"。"黄马甲运动"符合这个定义中的多数要素，但并非高度组织化。部分参与者也一度试图通过网络选举领导者，但在一个陌生的虚拟网络空间，这很难付诸实施，即便通过网络推选出领导者，也很难得到大家的公认。最终，此次运动未能出现一个得到广泛认可、有较大知名度的领导人，也没有形成严密的组织结构。缺乏领导机构使政府失去了对话对象，达成妥协也变得更加困难。[①]

综合来看，2019年，世界之"乱"，直接的原因是一些国家自身存在的诸多问题，如政治腐败、争权夺利、经济萧条、民生困顿、变革诉求、宗教种

---

① 卜永光：分裂社会中的政治失序：从黄马甲运动看西方国家的治理困境.参考网.http://www.fx361.com/page/2019/0721/5337036.shtml.

族纷争等，加之被外部势力所利用和操控，导致矛盾交织，相互发酵，冲突加剧，恶性演变。实际上，各种乱象的背后是背景深刻、历来已久和错综复杂的矛盾冲突与利益之争，与各种极端主义、恐怖主义、民粹主义、保护主义、利己主义、分裂主义的死灰复燃和推波助澜有着密切的关系。

第二节　暗流涌动：逆全球化趋势不断抬头

近年来，受多重因素影响，逆全球化、反全球化思潮有所抬头，对全球政治经济的影响日益显现，不仅严重冲击国际秩序和全球治理体系，也给世界未来走向带来极大的不确定性。特别是2019年以来，尽管很多国家在话语层面还在继续谈论全球化，但包括欧美发达国家在内的一些国家，逆全球化政策和举动频出，突出表现为单边主义、孤立主义、霸权主义以及保护主义等，使得二战后所确立、以联合国为中心的当代国际秩序与多边机制，以及冷战结束后快速发展起来的经济全球化与自由贸易，都面临着严峻的挑战，进而成为国际舆论持续关注的焦点。

央广网等称，自特朗普担任美国总统以来，美国各种"退群"的言论和动作不断，跨太平洋伙伴关系协定（TPP）、联合国教科文组织、全球移民协议、联合国人权理事会、伊核协议等国际组织和条约陆续被美国抛弃，引发包括美国媒体在内的全球各方舆论的广泛质疑和不满。2019年8月，美国更是不顾各方反对完成退出《苏联和美国消除两国中程和中短程导弹条约》（《中导条约》）的程序。《中导条约》规定美国和苏联必须全部销毁所拥有的中程导弹及其发射装置和辅助设施，这有效制止了两国之间爆发核战争可能性，避免了核武器对人类的威胁。美国退出《中导条约》，打破核态势平衡，增加低烈度核战的危险，导致全球军控处于危险边缘。中国现代国际关系研究院研究员李伟认为，美国退出《中导条约》给全球军控体系带来极大冲击。未来，一些国家可能因此调整本国以及在所处地区的防务战略。

然而，美国的"退群"动作并未停止。新华网消息称，2019年11月4日，美国政府通知联合国，正式启动退出《巴黎协定》程序。《巴黎协定》于2015年12月12日通过，2016年11月4日正式签署生效，被认为是世界各国决心联合制定全球气候新秩序的一个标志性成果。美国成为《巴黎协定》缔约方中唯一一个"反悔者"。尽管美国总统特朗普称，旨在应对气候变化的《巴黎协定》对美国非常"不公平"，该协定的存在"危害"了美国经济。事实上，这只是美国为自己的单边行动和霸权主义寻找的借口和理由。美国不顾全球各国的反对和抗议，仅为一己之利而退出《巴黎协定》，将会严重削弱全世界对抗全球气候变暖的努力。俄罗斯国家当代意识形态发展研究所副所长伊戈尔·沙特罗夫称，特朗普政府的举措很大程度上动摇了国际体系，包括退出《中导条约》《巴黎协定》、发动贸易战、采取单边行动制裁他国，致使全球政治经济体系处于危机的边缘。

舆论认为，美国的单边主义和霸权行径也冲击着冷战结束以来较为稳定的西方盟友关系。2019年，美国将"美国优先"政策推向极致，不愿承担过多责任，由此导致与西方盟友关系的日益恶化，西方国家内部运行机制存在的深层次矛盾更加凸显。美欧在北约军费、对俄关系等问题上分歧难弥，美国领导人反复抱怨"北约已经过时"、要求北约成员国大幅增加军费并称欧盟为贸易"敌人"，而法国总统马克龙则称北约已经"脑死亡"；美日韩因为军费分摊问题嫌隙加深；2019年七国峰会草草了事，成果寥寥；美国宣布对欧盟部分商品加征关税后，又拟对法国数字税展开关税报复。

而在美国明里暗里的支持下，英国脱欧大戏一路反转不断，延期三次脱欧，历经两任首相。尽管早在2019年1月15日，时任英国首相特雷莎·梅将其与欧盟达成的"脱欧协议"拿到议会下院表决，但未能通过，此后两次的表决也均以失败告终。7月24日，鲍里斯·约翰逊接替特雷莎·梅担任首相。经过与议会的几经周旋，英国议会最终于12月20日投票表决，以358票对234票通过约翰逊达成的脱欧协议，确认英国在2020年1月31日脱离欧盟，然后进入时长不到一年的"过渡阶段"。从1973年初加入欧共体，到如今脱欧成功，共经历了47年，英国也成为欧盟历史上第一个"退群"的成员国。分析认为，英国"脱欧"反映了全球化背景下世界格局的演变，将对欧洲未来发展、跨大西洋关系以及全球秩序产生多重影响。

中国金融新闻网等称，伴随着政治上的单边主义，2019年，贸易领域的保护主义也继续抬头。2018年以来，美国频频挑起各类经贸争端，迄今已和中国、欧盟、印度等主要经济体发起多场贸易冲突，且冲突均呈现持续波动升级的态势，并向其他经济体蔓延。贸易保护主义的负面效应不断凸显。中国现代国际关系研究院研究员陈凤英认为，"经贸关系一旦紧张，各经济体就会自卫式地缩小进口作为应对。2019年，全球总需求不足，贸易和投资这两驾马车都不给力。"国际货币基金组织（IMF）官网刊文称，贸易壁垒增加及相关不确定性的上升，给全球商业信心和经济活动带来压力。由于需求疲软，企业缩减生产，全球贸易减缓到停滞状态。经济合作与发展组织（OECD）官网也刊文指出，贸易争端为全球贸易带来不确定性，并拖累投资。联合国发布的《世界经济形势与展望2020》报告显示，由于贸易局势以及投资的大幅缩减，全球经济增速在2019年降至2.3%，是自十多年前的金融危机以来全球增长最慢的一年。

在国际经贸领域，除全球瞩目的中美经贸摩擦外（后面章节将专门进行论述），日韩经贸摩擦和WTO（世贸组织）上诉机构正式停摆也引发舆论高度关注。事实上，日韩经贸矛盾由来已久，此前已多次出现贸易摩擦、纠纷。中国经济网消息称，2019年7月4日，日本政府因不满韩国要求日方企业赔偿二战期间遭日方强征的韩国劳工，宣布对出口韩国的三种半导体原材料加强管控。韩国方面随即表示，日本控制出口的行为违反了WTO规则，将对日本的决定给予"坚决回应"。随后，这场日韩间的贸易争端蔓延至经济、文化等多个领域，日韩间的紧张态势骤然升级。8月初，日本决定撤销韩国受信任贸易伙伴的地位，把韩国排除出"白色清单"。韩国也予以反击，公布实施《战略货品进出口告示修订案》，将日本移出出口"白名单"。韩国国内还爆发了抵制日本企业和日本产品的行动，韩国政府宣布不再与日本续签《军事情报保护协定》。尽管韩日双方已进行了多次磋商，但由于立场差距较大，迟迟没有取得成功，相关经贸摩擦已逐步扩大至服装、饮料、旅游、汽车等领域。

WTO的主要职能是调解世界范围内服贸、货贸和知识产权转移过程中产生的矛盾和纷争。经济参考网等称，从2019年12月11日开始，有"最高法院"之称的世贸组织上诉机构开始停摆，表面原因是法官数量不足，其实主要是由于近年来美国频频阻挠上诉机构新法官遴选程序的启动。WTO上诉机构原本由7名法官组成，在特殊情况下，如果只剩3名法官，也还能正常运转。12月10日，两名法官因为任期期满，上诉机构就只剩一名法官。然而，由于美国方面的阻挠，新的继任法官无法产生。因此，上诉机构也就无法再继续运转。除了阻碍新法官的任命，特朗普政府还在世贸组织预算问题上施压。在2019年12月初步批准的预算中，大幅减少2020年预算，尤其是对上诉机构的运营费用进行限制，削减至此前的5%，导致上诉机构运转雪上加霜。

当前国际上"逆全球化"逆流汹涌，让很多人对全球化未来的发展充满悲观失望的情绪。新华网等称，尽管当前逆全球化来势汹汹、气焰嚣张，但以经济为基础与核心的全球化仍是大势所趋，难以被根本逆转。这一年，世界看到多极化进程不断发展的潮流。在大变局中，以金砖国家为代表的新兴市场和发展中国家不断崛起，为全球经济治理体系变革注入强劲动力，有力推动了世界多极化进程。这一年，世界看到新一轮科技革命和产业变革正在破茧而出。增长的极限，一直是萦绕在人类社会发展之上的阴霾。现在，人们愈加看到创新驱动破解发展之困的光明前路。这一年，世界看到各国开始进入5G商用部署阶段，新旧动能加速转换；全面渗入各个领域的AI智能，提供了经济发展广阔的蓝海；量子计算不断取得新突破，前景不可限量。新科技革命和产业变革为各国实现跨越式发展提供了更多机遇，也使各国日益利益交融、命运与共，合作共赢成为必然逻辑。

展望未来，全球化与"逆全球化"的较量仍将是国际局势的一条主线，二者是进步与退步、主流与逆流之间的较量，前者虽然会遭遇挫折，但"青山遮不住，毕竟东流去"，逆流长不了、大势不可违，全球化仍将不断优化、继续前进。

第三节　博弈升级：大国竞争日趋激烈复杂

分析认为，2019年的国际局势除乱象丛生、逆全球化抬头外，还有一大突出特点是日趋复杂化。新华网称，"复杂化"是诸多专家观察2019年国际形势的重要关键词。无论是中美经贸摩擦、欧美分歧、日韩经贸纠纷还是WTO上诉机构停摆，经贸问题往往会衍生到政治甚至军事领域。随着国内经贸摩擦增多、经济下行压力持续增大、社会各领域矛盾不断上升，部分国家政府为了极端地维护本国利益，往往逆其道而行之，不仅采取了保守极端的经贸政策，也在政治、外交甚至军事领域加大了对抗力度。瑞典斯德哥尔摩国际和平研究所数据显示，近年来世界各国的军备支出持续上升，在2018年达到1.8万亿美元，为30年的最高点。而伦敦国际战略研究所数据显示，2019年全球国防支出更是实现了十年来最大的增长，相比2018年增长了4%。全球军费增长，这一方面是由于各国经济、领土纠纷加剧、军事现代化需求等因素所致，但归根结底，国际大势由合作趋向对立，各国竞争日益激烈复杂，才是促使各国增加军费的主要动机。

近年来，由于新兴国家和部分地区大国的崛起，美国与中国、俄罗斯、印度、伊朗、土耳其等新兴国家、地区大国及其传统盟友英国、法国、德国、日本等国的关系都发生了改变。国际关系日趋复杂，"乱"得像一团麻。中美贸易摩擦、美欧贸易摩擦、日韩贸易纠纷，中国与美欧围绕香港问题的斗争，美欧与俄罗斯的"新冷战"，朝美之间的博弈，美国与伊朗的对抗等，各种较量在政治、经济、科技、军事等多个领域展开，此起彼伏，烽烟四起。俄罗斯战略规划与预测研究所所长亚历山大·古谢夫等认为，美国与新兴国家、地区大国及其传统盟友关系的转变和对垒，很大程度上导致当前国际关系复杂化，并对国际体系产生重要影响。随着美国的"一超"地位逐渐趋弱及新兴力量崛起，原有秩序难以应对新挑战。诸多棘手问题久拖不决，说明在西方政治秩序和意识形态体系中，由美国主导全球政治经济事务的世界秩序已经过时。"西方国际关系模式和资本主义出现全面危机，堪称对2019年国际局势的最佳总结。"

而在大国博弈中，中美关系已经成为世界大变局的主线条。中国人民大学国际关系学院教授李巍认为，随着中国经济的崛起以及中美经济制度的差异性凸显，美国进行了近几十年最大幅度的对华经济战略调整，过去的对华经济接触战略彻底终结，对中国的经济防范色彩进一步加剧。美国正由多边主义转向单边主义，将中国视为主要竞争对手进行战略打压。因此，中美之间的较量与竞争日益激烈，而"打压中国"也已经成为美国的对外工作重点和国内政治，同时不断向全领域、全政府的态势发展。2019年以来，以美国为首的西方各国持续加大对我国的打压和干涉力度，频频针对5G技术、涉港、涉疆等事务发难，企图以此对我国施压。

中新网消息称，2018年12月1日，华为首席财务官、任正非的女儿孟晚舟在加拿大温哥华国际机场被逮捕。随后，美国向加拿大要求引渡孟晚舟，罪名是"涉嫌违反对伊朗制裁"。该事件瞬间引发境内外舆论的高度关注（详见图1-4），大量媒体和网民纷纷对美国和加拿大的霸权行为表示强烈抗议和不满，中国外交部和华为公司也提出严正交涉。有分析认为，此次事件的背景是美国、澳大利亚、加拿大、新西兰、英国组成的"五眼联盟"将华为视为"安全威胁"，进而采取的打压和威胁措施。环球网等认为，加拿大警方、加拿大边检局与美国司法机关合谋，在温哥华国际机场假借移民问询程序对孟晚舟进行刑事罪调查，完全是出于美国总统特朗普与中国打贸易战的目的。

在孟晚舟事件迟迟未得到解决之际，2019年5月15日，美国总统特朗普颁布行政命令，宣布国家进入紧急状态，禁止美国企业使用可能危害美国国家安全的企业生产的电信设备。美国商务部宣布，将把华为及70家关联企业列入其所谓的"实体清单"。今后如果没有美国政府的批准，华为将无法向美国企业购买元器件。5月16日，美国正式将华为列入"出口黑名单"，随后谷歌、微软、英特尔等美国企业也对华为做出明确限制。

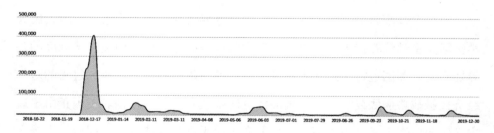

图3-4　百度有关"孟晚舟事件"的检索指数趋势图

除此之外，美国还不断游说英国、加拿大等其他国家采取类似措施，限制华为参与当地通讯业尤其是5G产业发展，并恶意诬蔑称"使用华为制造的设备可能造成网络安全威胁"。微信公众号"侠客岛"称，美国国务卿蓬佩奥通过各种场合造谣污蔑，并煽动其他国家一道打压中国。他在意大利称，"我敦促意大利朋友们看看中国如何利用其经济实力建立政治影响力和侵蚀主权。"他在斯洛伐克称，"有必要防范中国通过经济和其他方式操纵斯洛伐克政治体制。"他在匈牙利称，"有关国家须考虑在华为与美国之间作出选择。"

除经贸、科技领域的打压和制裁外，美国与个别西方国家还插手香港局势，为香港"反修例"运动推波助澜。2019年4月3日，《2019年逃犯及刑事事宜相互法律协助法例（修订）条例草案》在香港立法会完成首读，预计6月12日将进行二读。6月9日，香港出现较大规模游行示威活动，抗议香港政府修订《逃犯条例》。此后抗议活动不断发酵蔓延。尽管香港特区政府宣布撤回修订《逃犯条例》，但部分香港反对派和极端暴力分子持续发起各类暴力活动。中央评论通讯社等评论认为，香港"反修例"运动持续发酵的背后，离不开美、英等西方国家的推波助澜，部分暴力极端分子甚至直接受到美国的资助、培训和指导。美国国会还通过了所谓的"香港人权与民主法案"，英国政府发表"香港半年报告书"，不断加大对香港事务的干涉力度，搅局之心十分明显。

美国还频频对涉台、涉疆、涉藏等事务发难。综合媒体报道，2019年来，美国军舰多次途径台湾海峡，并通过多部"涉台法案"。如美国众议院5月7日通过所谓的"2019年台湾保证法"与"重新确认美国对台及对执行台湾关系法承诺决议案"，称"台湾是美国自由开放印太战略的重要伙伴"，要求对台军售常态化，帮助台湾发展"不对称战力"；并且提出重启台美贸易暨投资架构协议会谈，支持台湾加入国际组织等，鼓励双方"所有层级官员互访""对口官员会晤"。美国还通过所谓的"维吾尔人权政策法案""2019年西藏政策及支持法案"，大打"人权牌"，借政治议题对我持续施压。2019年10月8日，美国国务卿蓬佩奥更是无理宣布对我国新疆地区部分公务人员实施签证限制，借"人权问题"之名行地缘政治之实，进一步升级对我国的压制行动。

舆论认为，为遏制中国的崛起，美西方各国正从政治、经济、科技、军事等多方面进行全面施压。中美虽在经贸领域暂时达成协定，但美国并未放松在政治、外交、军事、文化等领域的制裁、遏制和渗透。美国及其部分盟友在制衡中国的思路上，越来越走向经济与政治外交制裁脱钩，在意识形态、人权等议题上对我国的进攻性更为突出。未来需警惕"贸易战""外交战""金融战""科技战""舆论战""规则战""制度战"，将一个一个接连或同时叠加出现。

第四节　中国理念：助推全球治理体系变革

我们所处的时代是一个风云变幻的时代，所处的世界是一个日新月异的世界。各国相互联系、相互依存的程度空前加深，越来越成为你中有我、我中有你的命运共同体。

在动荡的世界，人们依然能触及深潜其间的发展力量。破云而出的光亮，仍指示全球发展大势。新加坡国立大学东亚研究所学者郑永年认为，面对变局，"大家也在寻找新的替代方案和出路"。2013年以来，习近平总书记总揽世界大势，着眼思考人类前途命运以及中国和世界发展大势，为破解人类发展难题、促进全球共同繁荣，推动构建人类命运共同体，先后发出了共建"丝绸之路经济带"和"21世纪海上丝绸之路"的重大合作倡议。

"一带一路"倡议提出6年来，已成为中国实行全方位对外开放的重大举措、实践开放包容发展理念的伟大事业、当今世界最大规模的国际合作平台和中国向国际社会提供的广受欢迎的公共产品，成为中国推动构建人类命运共同体的重要抓手和平台。中青网消息称，2019年，一些国家深刻认识到国际时局的变化，不再观望，更加坚定地参与共建"一带一路"，又有15个国家加入共建"一带一路"大家庭，意大利成为首个与中国签署"一带一路"相关合作文件的七国集团成员。目前，中国已同160多个国家和国际组织签署合

作文件，成功举办两届"一带一路"国际合作高峰论坛，达成550多项合作
成果。英国、缅甸等国政府部门设立共建"一带一路"指导咨询机构，日本、
瑞士、奥地利等与中国建立第三方市场合作机制。2019年前11个月，中国与
"一带一路"沿线64个国家贸易额达1.2万亿美元，同比增长4.8%，有效对冲
全球不稳定因素，拉动沿线国家经济增长。

2019年4月25日至27日在北京举行的第二届"一带一路"国际合作高峰论
坛吸引了150多个国家和90多个国际组织的近5000名外宾前来，达成 6 大类
283项务实成果，成为推动"一带一路"建设从"大写意"迈向"工笔画"的
里程碑。[①]在第二届中国国际进口博览会上，181个国家、地区和国际组织参加，
3800多家企业参加企业展，超过50万名境内外专业采购商到会洽谈采购，按
一年计累计意向成交额比首届增长23%。[②]

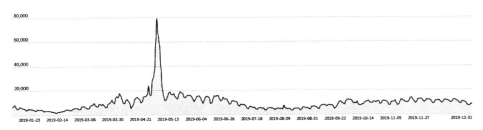

图3-5 百度有关"一带一路"倡议的检索指数趋势图

2019年以来，国际舆论对"一带一路"倡议的评论日趋客观理性，纷纷
给予高度评价。国际在线称，2019年，31个国家的137家智库发表涉"一带一
路"倡议的报告980多篇，比2018年增加31%。包括美国在内的许多国家的重
要国际智库清晰地认识到，"一带一路"倡议是促进共同发展、实现共同繁荣

①　第二届"一带一路"高峰论坛达成6大类283项成果.中国经济网. http://www.ce.cn/xwzx/gnsz/
gdxw/201904/27/t20190427_31956374.shtml.
②　第二届中国国际进口博览会经贸合作成果丰硕.和讯网. https://m.hexun.com/socialme-
dia/2019-11-13/199255165.html.

的合作共赢之路，是增进理解信任、加强全方位交流的和平友谊之路。世界银行《"一带一路"经济学》报告称，全面实施共建"一带一路"倡议可帮助3200万人摆脱中度贫困，使全球和"一带一路"经济体的贸易额分别增加6.2%和9.7%，使全球收入增加2.9%。

图3-6　网上有关"一带一路"倡议相关话题词云图

"一带一路"的新实践也正推动着构建人类命运共同体进入新阶段。中国经济网等称，2019年以来，在多个重要外交场合，中国领导人高举构建人类命运共同体旗帜，发表多篇影响深远的重要演讲，维护多边主义，引领全球治理变革，得到国际社会广泛认可。从G20领导人峰会到金砖国家领导人会晤，从亚洲文明对话大会到中法全球治理论坛，从博鳌亚洲论坛到东亚合作领导人系列会议，中国秉持共商共建共享的全球治理观，坚定维护以联合国为核心的国际体系，坚定维护以国际法为基础的国际秩序，坚定维护以世界贸易组织为核心的多边贸易体制。

2019年4月23日，习近平主席在青岛会见应邀出席中国人民解放军海军成立70周年多国海军活动的外方代表团团长时，鲜明提出推动"构建海洋命运共同体"。舆论普遍对此给予高度肯定和点赞，认为构建海洋命运共同体，是推动构建人类命运共同体的重要一环，是对人类命运共同体理念的丰富发展，指出了构建人类命运共同体的一条重要路径。4月30日，习近平总书记与老挝人民革命党中央总书记本扬在北京签署《中国共产党和老挝人民革命党关于构建中老命运共同体行动计划》。这是我国首份以党的名义签署的构建人类命运共同体双边合作文件，不仅是开创中老关系新时代的纲领性文件，也在地区和国际上对推动构建人类命运共同体具有重要引领示范意义。

2019年，世界动乱频发，保护主义、单边主义持续蔓延，逆全球化思潮抬头，世界经济在多重风险和挑战下逆风前行。在国际局势发展的十字路口，中国对经济全球化的坚定推动、对让世界分享发展机遇的坚定承诺以及全面扩大开放的实际行动，为世界经济注入了信心和动力。东方网称，2019年，中国积极运筹总体稳定的大国关系，以亲诚惠容的理念深耕睦邻之交，秉持正确义利观加强同发展中国家团结合作。《经济日报》称，中国的大国外交在2019年的新实践，为国际关系增添了稳定性，为全球发展注入了新活力，为国际社会增添了正能量。法国前总理拉法兰称，中国扮演着非常重要的角色，是世界经济增长的引擎。中国参与构建新型多边主义，在国际体系中的地位不断提升。俄罗斯国家当代意识形态发展研究所副所长沙特罗夫认为，中国正积极主动地参与国际事务和全球治理，在国际事务领域日益拥有与自身实力相匹配的地位。

世界好，中国才能好；中国好，世界才更好。[①]回望2019年的国际风云，中国方案、中国理念、中国贡献，作为顺应和推动全球发展大势的重要力量，在乱局中引领方向。面向未来，中国将一如既往为世界和平、发展和繁荣作贡献，积极助推全球治理体系变革，同国际社会共同推动构建人类命运共同体。

---

① 习近平：在欢迎出席第二届中国国际进口博览会的各国贵宾宴会上的讲话.

经济篇

第四章 中美经贸摩擦：四海翻腾云水怒

作为左右全球经济局势的事件，中美经贸摩擦在2019年依然充满波折。年内，中美两轮关税升级，牵动着全世界的心跳。市场情绪随之起伏，带来的冲击也是实打实的。在2018年"抢出口"透支需求等因素影响下，2019年进出口数据明显恶化。与此同时，外需疲软导致出口订单缩水进而影响工业生产；经贸争端屡次升级加大了投资者对不确定性的担忧，冲击后续投资；企业外迁的浪潮也在持续；但好在资本市场的表现令网民大呼"抗打"。中国经济增速逐季下滑，全球经济也未能坚挺，而贸易摩擦正是最关键的因素之一。为了应对冲击，我国政府出台了大量"稳外资""稳外贸"政策，坚持更高水平对外开放；同时着力提振内需、稳定信心以托底经济。包括美国在内的全球多国央行则纷纷掀起"降息潮"。所幸的是，在2019年即将结束的时候，中美经贸摩擦再现曙光。12月13日，万众瞩目的第一阶段经贸协议文本达成一致，为国际社会送上"定心丸"。在新的起点上，舆论期盼中美两国相向而行，共同汇聚更多正能量。

第一节 谈判：一波三折终达成

2019年，中美经贸摩擦依旧是全球经济面临的头号问题。中美两国经贸局势在谈判与对抗之间此起彼伏、不断变化。通过梳理中美经贸摩擦相关的重大事件，可以将2019年中美之间的谈判与对抗分为三个阶段：

第一个阶段（1月—6月初）：在2018年底的G20峰会上，中美领导人引导经贸谈判正向发展，两国休战90天进行贸易谈判。原定于2019年1月1日上调2000亿美元中国输美商品关税税率的计划推迟至3月初。在随后的一个月内，中美两国密集地举行了三轮（第五轮—第七轮）高级别磋商。随着谈判的深入，2月24日，美国总统特朗普宣布将原定的3月1日上调期限再度推迟，维持2000亿美元商品10%的关税税率。之后的谈判依旧密集，3月28日—29日，第八轮中美高级别磋商在华进行；4月3日—5日，中美全面经济对话中方牵头人刘鹤副总理访美进行第九轮高级别磋商；同月30日至5月1日，美国贸易代表莱特希泽、财政部部长姆努钦访华展开第十轮谈判。对此，舆论纷纷表示欢欣鼓舞，认为中美经贸谈判渐入佳境。随着谈判逐渐深入，相关报道热度有所降温，在微信公众号"占豪"看来，这一走势显示中美妥协预期已明确，最聚焦眼球的阶段已经过去。

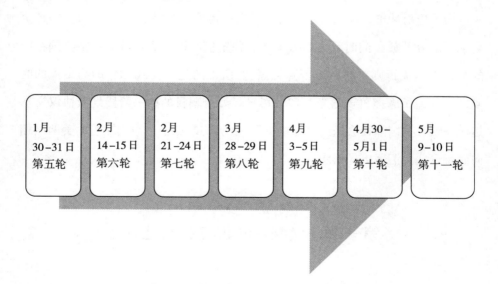

图4-1　1月—5月中美经贸高级别磋商情况

但就在大家以为中美经贸摩擦渐行渐稳的时候，特朗普5月6日突然在推特上发文宣布，自5月10日起将2000亿美元中国输美商品关税税率提升至25%，并警告会对另外3250亿美元的中国货物开始征收25%的关税。特朗普宣称，与中国的贸易谈判仍在继续，但因为中方试图重新谈判导致进展缓慢。这一消息在舆论场引发轩然大波，媒体纷纷表示"意外"，中美经贸形势向好的舆论主基调瞬间转向。然而就在这一关口，刘鹤副总理仍按原计划于5月9日访美进行了第十一轮经贸磋商。但遗憾的是，美国仍如期上调关税。5月13日，国务院关税税则委员会发布公告，决定自6月1日起对原产于美国的部分进口商品提高加征关税税率。6月2日，国务院新闻办公室发布《关于中美经贸磋商的中方立场》白皮书表示，"合作是有原则的，磋商是有底线的"。当地时间6月3日，美国贸易代表和财政部发布声明公开回应中国白皮书，称"中国在双方已同意的重要因素上变卦"。①中美之间硝烟味渐浓，网上有关经贸摩擦"恶化""升级"的担忧声音四起。

第二个阶段（6月中旬—8月）：6月18日，习近平主席和美国总统特朗普通电话，双方同意重启贸易谈判，并决定在6月末的G20峰会期间会晤。6月29日，中美两国元首在G20峰会上如期举行会晤，决定重启经贸磋商，打破了5月初以来的贸易谈判僵局。中美两国在此次会晤上均作出让步，中方同意增加对美国农产品的采购；美方则表示不再加征新关税，并允许美企继续向华为供货。舆论高度肯定此次会晤为中美经贸谈判注入新动力。7月30日—31日，万众瞩目的第十二轮中美经贸高级别磋商时隔两个多月在上海重启。本次谈判地点从北京改到上海引发舆论解读。财经自媒体格隆汇等称，"1972年，上海见证了《中美联合公报》的发表，在中美谈判历史上发挥过独特作用，

---

① 美国贸易代表和美国财政部今日就中国于2019年6月2日发布的"白皮书"公布如下声明作为回应.美国驻华大使馆和领事馆网站https://china.usembassy-china.org.cn/zh/ustr-and-the-u-s-department-of-treasury-respond-to-the-white-paper-issued-by-china/.

在这里举行磋商富有象征意义。"中美双方的工作晚餐地点——和平饭店，也被舆论赋予了追溯中美友谊的特别意义。

然而，本轮谈判并未取得预期进展，暂时停火的状况再被打破。8月1日，特朗普在推特上指责中国未能履行购买更多美国农产品和阻止芬太尼流入美国等承诺，宣布将于9月1日起对3000亿美元中国输美商品加征10%的关税。8月15日，美国政府正式宣布对自华进口的3000亿美元商品加征10%的关税，计划分两批分别从9月1日、12月15日起实施。对此，国务院关税税则委员会8月23日发布公告宣布反制措施，计划对约750亿美元美国商品加征10%、5%不等关税，分两批自9月1日12时01分、12月15日12时01分起实施；自12月15日12时01分起，对原产于美国的汽车及零部件恢复加征25%、5%关税。8月24日，美方再度极限施压，特朗普在推特上宣布将把2500亿美元中国输美商品关税税率从25%调升至30%，10月1日起生效。9月1日，关税上调措施如期实施；中方于9月2日在世贸组织争端解决机制下提起诉讼。英国广播公司等媒体称"全面加税新阶段"来临，舆论对妥善解决经贸摩擦的期盼再次受到打击。

第三个阶段（9月—12月）：9月5日上午，刘鹤副总理应约与美国贸易代表莱特希泽、财政部部长姆努钦通话。双方同意10月初在华盛顿举行第十三轮中美经贸高级别磋商，并一致认为应共同努力采取行动，为磋商创造良好条件。9月11日，国务院关税税则委员会公布第一批对美加征关税商品第一次排除清单，释放谈判诚意。12日，特朗普在推特上宣布将上调2500亿美元商品关税的决定推迟到10月15日。13日，国家发展改革委、商务部再度释放善意，宣布支持相关企业从即日自美采购一定数量大豆、猪肉等农产品，并予以加征关税排除。9月18日，中央财办副主任、财政部副部长廖岷应美方邀请率团访美，为第十三轮中美经贸高级别磋商做准备。9月22日，中美经贸副部级磋商结束；10月10日—11日，第十三轮中美经贸高级别磋商如期举行。

华泰证券等机构表示，本次谈判取得了阶段性的突破。美方暂停10月15日对2500亿美元中国商品上调关税，被媒体视为重磅利好。

在这之后，中美经贸摩擦愈渐缓和。10月25日晚，刘鹤副总理应约与莱特希泽、姆努钦通话，确认部分文本的技术性磋商基本完成。11月1日，中美双方再度通话，取得了原则共识。11月7日，商务部新闻发言人高峰透露，中美双方同意随协议进展分阶段取消加征关税。12月13日，中美第一阶段经贸协议文本达成一致。在两国经贸团队的共同努力下，原定于12月15日开征的关税取消。相关消息一经发出立即在网上刷屏。"中美重塑经贸关系重要一步""中美迈出互利共赢关键一步"等标题频频出现；机构专家纷纷就相关影响进行解读，认为对中美经济乃至全球经济意义非凡。

在两国政府之间反复谈判的同时，美方对我国企业（尤其是科技企业）的施压未见消退。其中，作为美国头号目标的华为是其打压中国企业的突出案例。"中兴事件"后，美国商务部5月15日以威胁国家安全为由将华为列入出口管制"实体名单"。舆论纷纷担忧华为可能迎来"至暗时刻"，因为禁令要求美国企业在没有获得美国政府许可的情况下不许向华为提供技术、产品。

果不其然，美国政府的禁令一发出，多家企业纷纷断供华为。其中，英特尔、英伟达、高通、博通、美光等美国芯片制造商宣布不再向华为提供关键软件和零部件；谷歌宣布停止和华为的部分业务并不再提供安卓系统的技术支持；微软则中断了与华为电脑的Windows系统合作。值得注意的是，还有不少非美企业也停止或推迟了与华为之间的合作。如英国芯片设计公司ARM就宣布暂停与华为的业务合作；日本、台湾地区多家电信运营商宣布停售华为手机。5月17日凌晨，华为旗下的海思半导体有限公司总裁何庭波发布内部信宣布启用"备胎"计划，称"所有我们曾经打造的备胎，一夜之间全部'转正'！"

更让人匪夷所思的是，Wi-Fi联盟、蓝牙技术联盟、SD存储卡协会、

JEDEC协会（固态技术协会）等几大国际标准组织联合除名华为。全球顶级技术学会国际电气与电子工程师协会（IEEE）也发布内部邮件封杀华为系审稿人，引发学术圈震动和抗议。风口浪尖上，美国联邦快递也来凑热闹，将华为两个从日本寄往中国的包裹转运至美国，被舆论猜测为"劫持、窃取"华为的技术和信息。一时之间，网上舆情群情激愤，"华为挺住""支持国货"等声音不绝于耳。

尽管美国政府于5月20日、8月19日和11月18日三度就华为禁令给出90天过渡期后，上述多家企业和行业协会纷纷恢复对华为的供应，但美方对华为的打压仍未停止。11月22日，美国联邦通信委员会通过禁止运营商使用联邦补贴资金购买华为和中兴设备的决定；路透社12月3日援引知情人士消息称，美国考虑在未来几个月内将华为列入"特别制定国民清单（SDN）"。一旦列入，华为将被禁止进入美国金融系统，这是美国最具杀伤性的制裁武器①。12月16日，美国国会众议院又通过一项法案，禁止政府从被认为是国家安全威胁的企业购买电信设备，被舆论认为剑指华为等中国企业。与此同时，2018年底美方借加拿大之手无理扣押华为首席财务官孟晚舟一事持续发酵。1月份，美国司法部对华为提出23项刑事诉讼，并提出引渡孟晚舟的要求。年内，孟晚舟多次出庭聆讯，正式引渡听证会计划将于2020年1月进行。

面对一系列打压，华为用起了法律武器。3月7日，华为向美国联邦法院提起诉讼，请求法院判定美国《2019财年国防授权法》第889条这一针对华为的销售限制条款违宪。6月21日，华为起诉美国商务部，质疑其扣押的一套华为电信设备不在美国《出口管制条例》范围内。12月5日，华为就美国联邦通信委员会11月22日禁止华为参与联邦补贴资金项目的决定违反美国宪法和

---

① 美方"匿名"威胁华为，学者：应坚定反制"极限施压".观察者网https://www.guancha.cn/internation/2019_12_04_527312.shtml.

《行政诉讼法》提起诉讼。面对企业恢复供应，华为并没有放松警惕，放慢自主研究的步伐。8月9日下午，备受期待的华为自研系统"鸿蒙"在2019华为开发者大会正式揭面。

美国压制中国企业发展和科技崛起的决心，从对华为的打压举措上表现得淋漓尽致。除此之外，美国对科技人文交流的限制也越发突出。4月14日，《纽约时报》披露美国联邦调查局（FBI）对多名中国学者搞"签证封锁"。4月19日，美国《科学》杂志曝出世界排名第一的MD安德森癌症中心驱逐3名华裔科学家①。5月15日，北航等6所高校和华为一起被美列入出口管制清单；5月22日、31日，美国埃默里大学先后关闭李晓江和李世华教授夫妇的实验室②，并要求医学院终身教授、麻醉科主任于山平搬离办公室③。6月4日，外交部、文化和旅游部共同发布赴美安全提醒。外交部领事司副司长陈雄风在发布会上提及，近期美国执法机构多次采取出入境盘查、上门约谈等多种方式骚扰赴美中国公民。8月底，9名在美国亚利桑纳州州立大学就读的中国留学生开学返美，在洛杉矶机场遭遣返④。不少舆论认为，美国对中国崛起的排斥、对中国刻板印象的偏见是中美双方合作共赢道路上的绊脚石。5月14日，福克斯商业频道主持人翠西·里根在电视评论中反复以"偷窃"一词形容中国，称"中国每年从我们这里'偷窃'的知识产权高达6000亿美元"，将美国描述成中美贸易关系中彻底的"受害者"，并抨击前几届美国政府态度软弱，放任中国利用美国获得发展。5月22日，中国国际电视台（CGTN）主播刘欣在一

---

① 美知名癌症中心驱逐3名华裔科学家，美国华人：种族脸谱化对美国不利.环球网https://world.huanqiu.com/article/9CaKrnKjWdk.

② 突发！美国大学华人实验室中国雇员遭强制遣返！腾讯网https://new.qq.com/omn/20190524/20190524A0QPV4.html?pc.

③ 美国埃默里大学华裔科学家被要求搬离办公室：是逼我离开的第一步.《北京晚报》https://baijiahao.baidu.com/s?id=1636301714868971272&wfr=spider&for=pc.

④ 9名中国留学生返美开学在洛杉矶机场遭遣返.中国新闻网http://baijiahao.baidu.com/s?id=1643434152188279131&wfr=spider&for=pc.

期评论短视频中条理清晰、有理有力地驳斥了翠西对华打"经济战"的言论；次日翠西在节目中进行回应，随后又在推特上与刘欣约辩。这场中美女主播的辩论引发了舆论热烈围观，许多网友都纷纷留言为刘欣加油打气，期待她让世界听到有理有据、不卑不亢的"中国声音"。5月30日，刘欣与翠西隔空辩论，表达了互惠互利的立场和观点。但这一对话并没有扭转美国对中国的偏见，美国女主播翠西频频打断刘欣的发言更是受到舆论的广泛谴责，认为体现了美国对中国一贯的傲慢和粗鲁。

在2019年的尾声，中美各界的交流与碰撞最终凝结成了一颗阶段性的胜利之果。谈判过程的曲折艰难、企业为了生存的诸多努力、老百姓们对祖国的拳拳之心，这些都将被铭记，成为历史不朽的声音。

第二节　冲击：一石激起千层浪

2019年，我国经济下行压力持续加剧，中美经贸摩擦是市场公认的最关键外因。在第四季度，我国GDP同比增速降至6%，触碰2019年增速目标区间（6%—6.5%）的下限。一时之间，网上有关中国经济"保6"的声音升温。中国社科院学部委员会委员余永定发出疾呼，"抑制经济进一步下降是当前最紧迫、最突出的问题，不能让经济增速跌破'6'的界限。"但不少机构专家预测2020年经济增速还将进一步放缓，"破6"概率大。安信证券首席经济学家高善文在其"知止不殆"的主题演讲中甚至表示，"经济长周期下滑在跌破5%之前都很难停止""长期看，我们面临的任务可能是'保4争5'"。12月份，中美经贸谈判达成第一阶段协议，为经济运行带来积极因素，但梳理瑞银、交通银行等境内外机构观点来看，认为2020年经济稳中趋缓仍是主流。

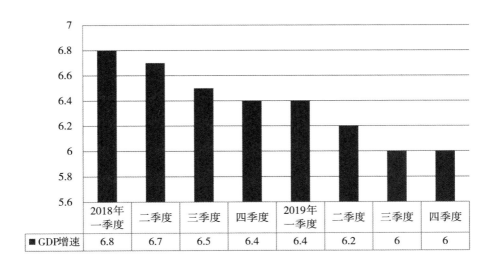

	2018年 一季度	二季度	三季度	四季度	2019年 一季度	二季度	三季度	四季度
■GDP增速	6.8	6.7	6.5	6.4	6.4	6.2	6	6

图4-2　中国季度GDP同比增速

（单位：%）

数据来源：国家统计局

　　谈及经贸摩擦带来的冲击，外贸形势可谓首当其冲。与2018年相比，2019年的进出口数据显著回落，多个月份跌入"负区间"。从图4-3可以看到，不论是进出口总额还是出口、进口分项，单月同比增速中枢较2018年的近20%左右明显下滑。其中，受到关税加征直接影响的中美贸易下滑更加明显；出口增速从2018年的13%一线跌至-10%左右，进口更是断崖式下滑，从11%一线跌至近-30%—-20%。

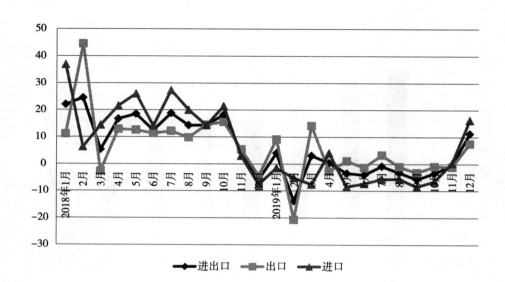

图4-3　进出口同比增速

（单位：%）

数据来源：商务部

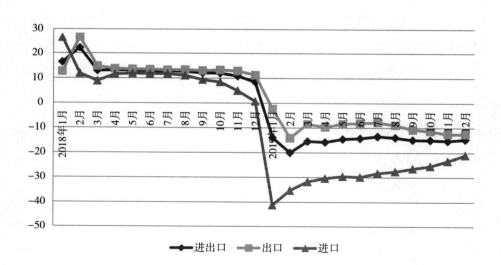

图4-4　中美进出口同比增速

（单位：%）

数据来源：海关总署

外贸形势不佳必然会影响出口订单，将经贸摩擦的冲击向企业传导。从国家统计局数据可以看到，2019年官方制造业PMI指数均值从前一年的50.9下降至49.7。全年除了3、4月和11、12月超过50荣枯线之外，其余月份均跌破荣枯线，显示制造业整体处于收缩态势。其中代表外部需求的新出口订单指数在中美经贸摩擦硝烟弥漫的5月—8月持续低位盘整（见图4-5）。以受关税影响严重的纺织业为例，6月以来多家织造厂、染厂普遍反映生意惨淡，订单不足，企业不得不以停工的方式降成本，《放假一个月通知》在纺织老板的朋友圈刷屏；在经编市场，有的企业熬过了2018年，熬不过2019年，无奈破产倒闭；下游采购的贸易商日子也不好过，外贸客户的付款期限一拖再拖，从以往的一个月发展到"两个月起步，三个月正常，甚至180天付款的都有"。[①]与此同时，据中信证券测算显示，2019年上半年对整体制造业拖累最大的几个子行业分别为电气机械及器材（1.38个百分点）、金属矿物制品（1.14个百分点）、非金属矿物制品（0.86个百分点）和计算机通信设备等（0.74个百分点）[②]。上述行业均为重要的出口子行业，相关景气度受中美经贸摩擦扰动较大。

---

① 今早，盛泽、柯桥、中大、石狮纺织老板朋友圈被《放假一个月通知》刷屏了.穿针引线网http://www.eeff.net/wechatarticle-363849.html.

② 中信宏观：当前制造业投资的四大特点和三大影响因子.搜狐网http://www.sohu.com/a/331089475_114984.

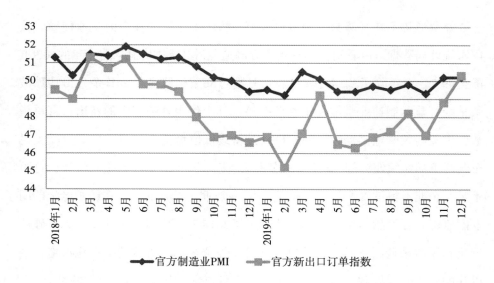

图4-5　官方制造业PMI及新出口订单指数

数据来源：国家统计局

订单流失的同时，企业撤出中国的步伐仍未停止。6月份，苹果公司被曝准备对其供应链进行根本性重组，要求主要供应商评估将其15%—30%的产能从中国转移到东南亚的成本影响[①]。据路透社援引《日经新闻》消息，惠普、戴尔计划将电脑产能的30%移出中国，微软、亚马逊、谷歌、索尼和任天堂也考虑将部分产能移出中国[②]。著名鞋类品牌Brooks Sports的首席执行官Jim Weber表示，由于中美贸易战前景难以明朗，准备将大部分生产线从中国移往越南。网上有关生产线移出中国的担忧声音此起彼伏，对就业的打击、对供应链的影响等成为机构专家和媒体网民共同的关注点。

资本市场则在2019年整体表现较为平稳。比起2018年11.32%和11.48%的

[①]　苹果公司考虑让供应商15%—30%产能移出中国.IT时报http://www.it-times.com.cn/a/company/2019/0620/28309.html.

[②]　惠普和戴尔拟将部分生产线移出中国.《亚洲时报》http://atimescn.com/FinancialfinanceView-5960.html.

振幅，2019年的在岸、离岸人民币振幅明显收缩至7.54%和7.71%^①。A股市场的表现甚至可以说是可圈可点，年初市场随着谈判的利好消息一路上扬；尽管上涨势头在4月—5月经贸谈判出现恶化形势的时候急转直下，但随后企稳并持续盘整（见图4–6）。证监会副主席李超表示，中国股市对中美贸易摩擦冲击消化能力在加大；海通证券等认为，市场信心较前一年明显修复。

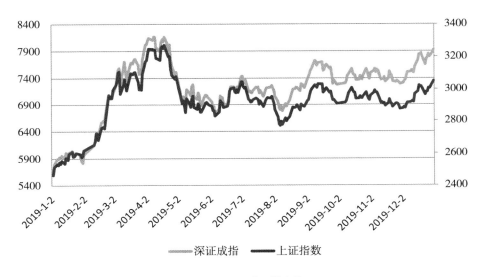

图4–6　2019年A股走势

数据来源：WIND（万得资讯）

虽然外部环境对资本市场的冲击趋弱，但绝非没有影响。2月24日，美国总统特朗普宣布推迟原定的3月1日上调关税期限，2月25日上证指数和深证成指分别创下了5.6%和5.36%的年内最高涨幅；5月6日，特朗普突然宣布自5月10日起将2000亿美元中国输美商品关税税率提升至25%，并警告对另外3250亿美元商品征税，当日上证指数和深证成指分别创下了5.58%和7.54%的年内最高跌幅（见图4–7）。人民币走势也分别在5月6日和8月1日两个贸易形势急

---

① 数据来源：新浪财经https://finance.sina.com.cn/money/forex/hq/USDCNY.shtml.

转直下的时点之后出现了两波明显贬值的走势（见图4-8）。不过，随着9月份以来利好消息不断释放，无论是股市还是汇市都呈现企稳向好的态势。

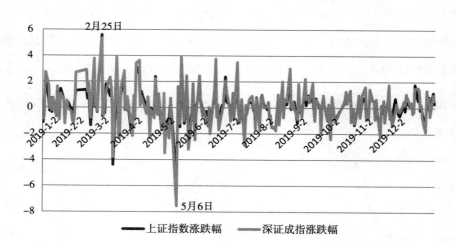

图4-7　2019年A股涨跌幅

数据来源：WIND

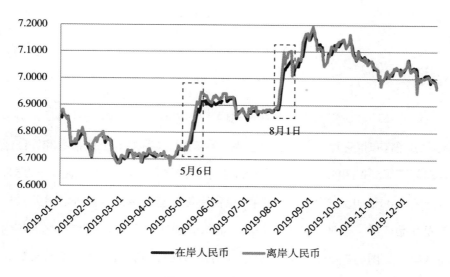

图4-8　2019年人民币走势

数据来源：WIND

对于全球经济来说，中美经贸摩擦影响深远，经济增速和贸易增长受到明显拖累。2019年来，多家机构纷纷下调全球经济增长预期。其中，经济合作与发展组织（OECD）9月19日将2019年全球经济增长预测从3.2%下调至2.9%，为十年来最低水平，而贸易不确定性及其对全球制造业和贸易增长的负面影响是这一暗淡预测的罪魁祸首[①]。联合国贸易和发展会议在一周后的9月25日发布《2019年贸易和发展报告》预计，2019年全球经济增长率从2018年的3%降至2.3%。随着全球需求疲软，叠加美国政府的单边关税行动，2019年全球贸易将增长率从上一年的2.8%进一步降低至2%[②]。世界贸易组织（WTO）在年内多次预警全球贸易增长不容乐观。10月1日，WTO因贸易紧张局势升级和全球经济放缓，将2019年和2020年全球贸易增长预测由4月份的2.6%和3.0%大幅下调至1.2%和2.7%[③]。国际货币基金组织（IMF）则在10月15日举行的全球经济预期发布会上，将2019年全球经济增速预期从此前的3.2%下调至3%，创2008年金融危机以来的十年最低水平；并对全球经济活动发出预警，认为贸易壁垒、政策不确定性和地缘政治紧张导致制造业和投资减少，将令全球近90%的地区增长放缓[④]。

① OECD将2019年全球经济增长预测下调至10年最低水平.新浪财经http://finance.sina.com.cn/stock/usstock/c/2019-09-20/doc-iicezzrq7075582.shtml.

② 联合国贸发报告：2019年全球经济增长率将从3%降至2.3%.《21世纪经济报道》https://finance.qq.com/a/20190926/004198.htm.

③ 世贸组织发布对全球经济贸易形势看法.商务部网站http://wto.mofcom.gov.cn/article/slfw/201910/20191002904856.shtml.

④ IMF下调今年全球经济增速预测至3%，为十年最低.澎湃新闻网https://m.thepaper.cn/baijia-hao_4709040.

第三节　应对：因应施策显定力

对于贸易战，我们从不挑起争端，但我们"不怕打，必要时不得不打"。面对美方的出尔反尔，我国政府也陆续出台相关的反制措施。5月31日，中国商务部发布重磅新闻——中国将建立"不可靠实体清单"制度，被舆论视为"以其人之道，还治其人之身"。然而，相对于"以牙还牙""以眼还眼"，更重要的还是积极应对经贸摩擦带来的负面影响。

中美经贸摩擦带来的冲击导致部分外资企业撤出中国，东南亚国家成为重要流向。如越南被媒体称为中美经贸摩擦下的"捡漏王""新世界工厂"；据越南计划投资部外国投资局数据，2019年前11月，越南新批外资项目3478个，同比增长28.2%。与此同时，泰国、印度等国家也趁此机会出台了一系列放宽外商直接投资限制、降低企业税费等吸引外资的政策。

为应对复杂的国际环境，切实加强吸引外资的能力，2019年进一步扩大开放的政策频出，决策层火力全开。3月15日，备受国际社会关注的《中华人民共和国外商投资法》（以下简称"外商投资法"）在第十三届全国人大二次会议上表决通过。舆论高度肯定我国首部全面系统的外资立法，认为其具有重要的里程碑意义，以法治推动新一轮高水平对外开放。为确保外商投资法顺利施行，国务院总理李克强12月12日主持召开国务院常务会议，通过《中华人民共和国外商投资法实施条例（草案）》。外商投资法受到国际社会、外资企业的高度肯定。中国日本商会会长、三井物产专务执行董事小野元生表示，不少日本企业对外商投资法倍加期待，对中国正在推进的法治化改革充满信心。

通过立法保护外资权益的同时，外资准入门槛也在一步步降低。6月30

日，国家发改委和商务部共同发布了《鼓励外商投资产业目录（2019年版）》《自由贸易试验区外商投资准入特别管理措施（负面清单）（2019年版）》以及《外商投资准入特别管理措施（负面清单）（2019年版）》，于7月30日起施行。舆论积极评价"负面清单再瘦身，扩大开放不停步"。11月7日，国务院印发《关于进一步做好利用外资工作的意见》，从深化对外开放、加大投资促进力度、深化投资便利化改革、保护外商投资合法权益四个方面提出20条利用外资任务清单。

在众多行业中，金融业对外开放较为突出。5月1日，银保监会在其官网宣布拟推出银行保险业对外开放12条具体措施，包括取消外资来华入股相关金融机构的总资产规模限制等。7月20日，国务院金融稳定发展委员会办公室再推11项扩大金融业对外开放举措，将此前计划的部分限制放开时点前移，放宽了信用评级、保险准入等领域的门槛。在11月7日发布的《关于进一步做好利用外资工作的意见》中，全面取消在华外资金融机构业务限制。媒体纷纷肯定我国金融开放工作"再上台阶"。法国兴业银行中国董事长博纳等也表示，自2017年以来，中国金融业对外开放的步伐明显加快。种种努力之下，我国对外资的吸引力不仅没有因为经贸摩擦打折扣，反而逆势增长。据商务部数据显示，2019年我国实际使用外资9415.2亿元，同比增长5.8%。

与此同时，建设自贸区、保税区，打造对外开放高地等措施也是进一步对外开放的重要抓手。1月2日，李克强总理主持召开国务院常务会议，部署对标国际先进水平促进综合保税区升级，打造高水平开放新平台。1月25日，国务院印发《关于促进综合保税区高水平开放高质量发展的若干意见》。8月份，上海自贸区新片区落户临港。根据国务院发布的总体方案，临港新片区将对标国际上公认的竞争力最强的自由贸易园区。舆论对临港新片区的落地期待满满，并持续跟踪关注其后续运行，点赞新片区"建设只争朝夕""起步就是冲刺"。8月26日，新一轮自贸区扩容尘埃落定，山东、江苏、广西、河北、云南、黑龙江加入自贸区建设队伍。截至2019年，我国已有18个自贸区。《新京报》点评称，我国自贸区已经形成了"东西南北中皆有，沿海成片、内陆连线"的新格局。

表4-1　我国自贸区一览表

时间	省份
2013年	上海
2014年	广东、福建、天津
2016年	辽宁、河南、浙江、湖北、重庆、四川、陕西
2018年	海南
2019年	上海自贸区临港新片区
2019年	山东、江苏、广西、河北、云南、黑龙江

此外，提升贸易便利化、完善财税政策、加快发展新业态等"稳外贸"措施也在进一步发力。6月12日，国务院常务会议决定进一步推进通关便利化，持续优化口岸营商环境；同时要求更大力度对外开放，促进进出口多元化发展。7月3日，国务院常务会议部署完善跨境电商等新业态促进政策，适应产业革命新趋势推动外贸模式创新。7月10日、10月23日，两次国务院常务会议接连确定进一步稳外贸措施，部署进一步稳外贸工作，提出了全面、系统的稳外贸举措。当然，广交会、进博会等活动的能量也不能小觑。11月4日，在广州落幕的广交会出口成交292.88亿美元，其中"一带一路"沿线出口成交达110.56亿美元，占总成交额的37.75%，增长14.81%；对东盟、非洲的出口成交分别增长了39.22%和10.72%[1]。在11月10日圆满闭幕的第二届进博会上，累计意向成交711.3亿美元（按一年计），比首届增长23%[2]。

---

[1]　第126届广交会累计出口成交2070.9亿元人民币.《广州日报》https://new.qq.com/omn/20191104/20191104A0OXC400.html.

[2]　进博会收获满满：成交711.3亿美元、91万人次参加.《人民日报》http://finance.sina.com.cn/china/gncj/2019-11-12/doc-iihnzahi0241112.shtml.

更让人振奋的是，经过7年艰苦努力，在11月东亚合作领导人系列会议期间，RCEP（区域全面经济伙伴关系协定）15个成员国宣布结束全部文本谈判及实质上所有市场准入谈判。这意味着，全球覆盖人口最多、成员结构最多元、发展潜力最大的自贸区建设取得重大突破。光明网、人民网等媒体纷纷刊文肯定RCEP意义重大，称其将"为地区和世界经济发展带来新活力"。

但从媒体机构的报道评论也可以看到，中美经贸摩擦对我国经济的影响不仅仅局限于外贸、外资领域，其对企业预期、投资信心的打击与融资难、需求弱等内忧形成恶性循环值得高度关注。因此，在加大"稳外资""稳外贸"力度的同时，决策层在2019年持续发力扩内需、稳预期；通过降低政策利率、加快发行专项债等宏观调控政策对经济进行有力的逆周期调节，同时以持续加码减税降费、优化营商环境、便利企业融资等措施激发经济主体活力。另一方面，托底经济的同时，转型升级、增强自主创新能力也不能落下。"中兴事件""华为禁令"引发了全网对核心技术受制于人的担忧和加大自主科创力度的呼吁。近几年，我国持续加大对芯片、人工智能等高新技术领域的扶持力度，鼓励科研创新的优惠政策也频繁出台，高新技术行业获益良多，自主创新能力和国际竞争力不断增强。

放眼全球，经贸摩擦带来的冲击让多国央行开启了"降息潮"。据我的钢铁网不完全统计，2019年，全球共有35家央行宣布降息，总调降次数达到71次[①]。其中，多家央行为数年来首次降息。如5月份，菲律宾6年多来首次降息；6月4日，澳大利亚3年来首次降息；7月25日，土耳其央行自2015年2月以来首次降息；8月1日，美联储十多年来首次降息；同月泰国、墨西哥也绷不住了，分别开启了四五年来的首次降息。与此同时，数家央行年内一降再降，令人

---

① 年终盘点 | 2019年全球央行降息表.我的钢铁网https://finance.sina.cn/futuremarket/ncpzx/2019-12-27/detail-iihnzahk0308592.d.html?ivk_sa=1023197a.

深刻感受到经济面临的寒意。如俄罗斯、印度、冰岛年内降息次数高达5次；印度尼西亚、墨西哥、巴西、土耳其等国接连4次降息，其中土耳其每次降息力度都高达数百基点；就连全球政策的风向标美联储都接连在8月、9月、10月分别降息25个基点。

一时之间，舆论对中国央行是否跟随降息讨论颇多。机构专家纷纷从现有经济形势、外部环境以及政策空间等多个方面分析预测未来政策走势。然而，汹涌的全球降息大潮中，我国央行顶住了压力，并未立即跟随降息，而是通过降低政策利率、改革LPR报价机制等方式疏通货币政策传导机制，降低市场利率水平。《21世纪经济报道》《经济日报》《证券日报》等媒体纷纷以"宏观政策彰显定力""中国央行淡定'不跟'""以我为主顺势而为是上策"等为题积极肯定，认为这不仅有利于稳定当前的通胀预期和人民币汇率，也能为未来对冲经济下行压力预留更多的政策空间。

表4-2　2019年全球央行降息日历

月份	降息国家和地区（年内降息总次数）
1月	加纳（1）、格鲁吉亚
2月	印度、埃及、牙买加、吉尔吉斯斯坦（1）
3月	格鲁吉亚（2）、巴拉圭（1）、尼日利亚（1）、牙买加
4月	印度、哈萨克斯坦（1）、乌克兰
5月	马来西亚（1）、新西兰、菲律宾、牙买加、冰岛
6月	澳大利亚、印度、阿塞拜疆（1）、智利、俄罗斯、冰岛
7月	澳大利亚、韩国、印度尼西亚、乌克兰、南非（1）、土耳其、俄罗斯
8月	美国、巴西、阿联酋、沙特阿拉伯、巴林、约旦、泰国、印度、新西兰（2）、菲律宾、秘鲁、墨西哥、印度尼西亚、埃及、牙买加（4）、冰岛
9月	智利、乌克兰（3）、俄罗斯、欧盟（1）、土耳其、丹麦（1）、越南（1）、美国、卡塔尔（1）、巴西、印度尼西亚、沙特阿拉伯、阿联酋（2）、约旦（2）、菲律宾（3）、埃及（3）、墨西哥

月份	降息国家和地区（年内降息总次数）
10月	澳大利亚（3）、冰岛、印度（5）、乌干达（1）、韩国（2）、智利（3）、印度尼西亚（4）、土耳其、俄罗斯、美国（3）、巴西、巴林（2）、科威特（1）、沙特阿拉伯（3）
11月	泰国（2）、白俄罗斯（1）、冰岛（5）、秘鲁（2）、墨西哥、津巴布韦（1）
12月	土耳其（4）、巴西（4）、俄罗斯（5）、墨西哥（4）

数据来源：互联网（不完全统计）

2019年临近结束，中美经贸谈判第一阶段文本达成一致，这一重大消息受到了国际社会的热烈欢迎，媒体纷纷称其为"早到的圣诞礼物"，认为是中美关系缓和的拐点，是全球经济复苏的强心针。迈出这一步，中美经贸摩擦等于是站上了新的起点。但冰冻三尺非一日之寒，协议能否成功签署？后续谈判是否顺利？中美关系能否彻底回暖？这些不确定性问题仍在舆论场上引发热烈讨论。然而，期待中美关系汇聚更多正能量的呼声是强烈的，舆论热切期盼在中美双方的共同努力之下，迈过中美经贸摩擦这道坎。

第五章　宏观经济：长风破浪会有时

2019年，中国经济增速逐季下行。在拉动经济增长的三驾马车中，出口受中美经贸摩擦表现不佳，投资和消费增速也自2018年以来持续下滑，经济下行压力较为明显。尤其值得注意的是，反映实体经济活力的民间投资、制造业投资动力减弱，代表新动力的网上零售消费增速也持续回落。内忧外患下，"稳投资""提消费"刻不容缓。2019年来，减轻企业负担、便利企业融资、优化营商环境的政策层出不穷，各地也为了刺激消费"八仙过海、各显神通"。从"双11"破纪录的销量来看，我国消费潜力依然巨大，将消费培养成为拉动经济增长的主动力，引导带动行业产业转型升级不是空话。而想要刺激消费，还需稳定物价。受非洲猪瘟影响，"二师兄"身价一飞冲天，同时带领牛肉、禽蛋联动涨价。"吃不起的猪肉"不仅引领全年舆论热潮，还引发了非法炒猪等乱象。对此，国家从鼓励养猪、投放冻肉、打击乱象、加大物价补贴等方面打出组合拳，平抑物价。展望未来，舆论热切期盼决策层出台更多有针对性的措施，逐步化解宏观经济运行中的困难和问题，保持我国经济运行在合理区间。

第一节　投资：张弛有道守关键

投资，可谓是宏观经济运行的重要命脉，是拉动经济增长的关键力量。然而，从2018年以来，全国固定资产投资同比增速持续下行。截至2019年12月份，相关增速已由2018年初的7.9%降至5.4%。2018年7月30日，中央政治局会议提出经济工作"六稳"方针，"稳投资"赫然在列。

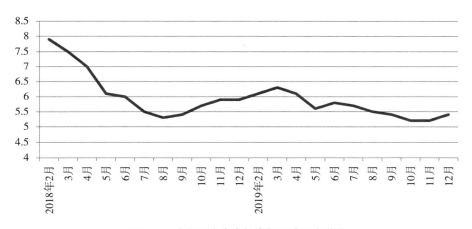

图5-1　全国固定资产投资额累计同比增速

（单位：%）

数据来源：国家统计局

其中，以基础设施建设、重点工程等为代表的政府投资被舆论认作是2019年"稳投资""稳增长"的重要抓手。从国家统计局发布的数据可以看到，尽管2019年基础设施建设投资累计同比增速较2018年初有较大幅度的下滑，但年内自2018年9月份0.26%的低谷持续回暖至12月份的3.33%。这背后，是地方政府债券，尤其是地方专项债的加快发行。

财政部12月4日发布的数据显示，2019年前11个月，地方政府债券发行43244亿元，已完成全年发行任务的99%，超过2018全年（4.16万亿元）。其中，新增地方政府债券发行明显提速。数据显示，截至9月底，各地已组织发行新增地方政府债券30367亿元，占全年限额的98.6%（一般债券发行9070亿元，完成限额的97.5%；专项债券发行21297亿元，完成限额的99.1%）[①]。机构专家高度肯定专项债发行规模"爆炸"、发行时间"提速"，认为能够有效提振投资。6月10日印发的《关于做好地方政府专项债券发行及项目配套融资工作的通知》允许将专项债券作为符合条件的重大项目资本金；11月13日的国务院常务会决定适当降低项目资本金比例。这两项政策被市场看作是有效打开基建投资空间的"组合拳"。

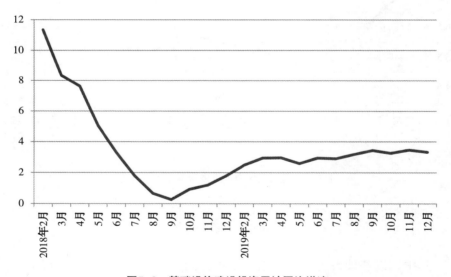

图5-2　基础设施建设投资累计同比增速

（单位：%）

数据来源：国家统计局

---

① 前11月地方债发行4.3万亿已超越去年全年.《21世纪经济报道》.http://baijiahao.baidu.com/s?id=1651964213595963833&wfr=spider&for=pc.

地方政府大规模发债考验地方财政稳定性。在2019年《政府工作报告》许下近2万亿元这一史上最大规模减税降费目标的背景下，地方财政收支矛盾愈发尖锐。财政部数据显示，2019年前三季度全国税收收入同比增速出现了罕见的负增长（-0.4%），但全国财政支出却同比增长9.4%，超过同期财政收入增速6.1个百分点；地方一般公共预算本级收入同比增长3.1%，创至少十年最低值，其中6个省份财政收入负增长。不少地方财政人士在接受媒体采访时表示，收入增长赶不上越来越多的支出需求，叠加地方偿债高峰临近，进一步加剧了地方财政收支平衡的压力。

中国财政科学研究院5月31日发布报告显示，近12年来东中西部地区财政自给率均呈现下降趋势，不足50%[①]。山东大学经济学院教授李一花等人研究发现，全国约有60%左右的县保工资、保运转压力增大[②]。有媒体称当前地方财政紧张前所未有，网上有关地方政府发不出工资等爆料也频频出现。如有网民在百度贴吧"孟津吧"发帖询问"求证一下，听说洛阳好几个县市几个月都发不出财政工资了？"获得了"这是真的，现在还拖欠着，郁闷，小小员工也没地方说理去"等肯定回复。还有知乎网友发出"政府单位会发不出工资？"的提问，称其父亲在地质矿产局工作，单位最近发不出工资，只能想办法在别的地方找点钱挪过来发工资。

财政收入承压，但支出不减反增，大量政策项目、基础设施建设"嗷嗷待哺"。对资金的渴求引发了不少违规举债的融资乱象。如河南汝州中医院被曝向职工强行摊派购买国企债券，称"一般职工交10万元，中层干部交20万元，不交的只发基本工资"，舆论纷纷质疑这一举措是将地方债务风险转移

① 地方对转移支付依赖度持续上升，财科院预警效率转化不足有风险. 第一财经.http://finance.sina.com.cn/roll/2019-05-31/doc-ihvhiqay2809203.shtml.

② 近六成县级财政困难，房地产税成"救命稻草"？.时代财经.http://www.cneo.com.cn/article-134259-1.html.

给职工①。而在更多地区，政府以医院、学校等名义向金融租赁公司抵押公益性资产进行租赁融资，再将筹措到的资金用作他途。如山西祁县政府借祁县人民医院名义融资，部分资金违规流向祁县房地产开发总公司；贵州松桃县医院、民族中学等也因资产被抵押出现融资租赁延期②。还有一些地方政府债务岌岌可危。12月6日，呼和浩特经济开发区投资集团发行的"16 呼和经开PPN001"未能及时偿付回售款及当期利息，尽管在呼和浩特市政府积极协调后该债券开始陆续兑付，但一时之间"城投信仰破灭"的声音四起。

从当前经济形势来看，积极的财政政策仍是经济学家们公认的稳增长核心手段。中国社科院等多家机构发布报告建议在2020年提高赤字率。11月27日，财政部宣布将提前下达2020年部分新增专项债务限额1万亿元，占2019年新增专项债务限额2.15万亿元的47%。中信证券等纷纷表示，地方专项债"早发行、早使用、早见效"将有效推动基建投资回暖、支撑经济增长。在财政收支矛盾尖锐、政府债务风险高的背景下，这就要求每一分钱都花在刀刃上，真正做到12月中央经济工作会上强调的"财政政策提质增效"。

与2018年增速持续稳定在8%—9%一线相比，民间投资在2019年表现不佳。全国民间固定资产投资累计同比增速在2月跌破8降至7.5%，之后持续下行至12月份的4.7%，较上一年平均水平接近腰斩。在经济下行的大背景下，内外需疲软，企业经营环境也随之恶化。从当前情况来看，民营经济在资源获取、抵抗风险等方面与国有经济仍有较大差距（见图5–3）。"国进民退"问题也在舆论场频频引发讨论。安信证券首席经济学家高善文在其"知止不殆"的报告中就特别提到，在2018年、2019年后，所有制歧视剧烈上升。

———————————

①　让医院职工为国企集资，是转移地方债务风险.《新京报》http://www.bjnews.com.cn/opin-ion/2019/07/09/601178.html.

②　地方融资潜规则山西祁县借医院名义融资流向房地产.《经济观察报》https://finance.sina.com.cn/roll/2019-10-20/doc-iicezuev3388449.shtml.

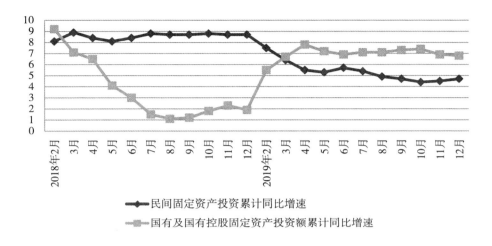

图5-3　民间、国有固定资产投资累计同比增速

（单位：%）

数据来源：国家统计局

　　以民间投资面临的首要问题融资为例。经过近年来一系列的货币宽松政策，不仅市场流动性整体少见紧张，还时不时有银行流动性"泛滥、淤积"的报道出现。这意味着当前市场并不缺钱，但"融资难融资贵"仍是民企，尤其是小微企业反映的主要问题。6月26日，全国人大常委会执法检查组提交报告指出，中小企业融资难融资贵问题尚未有效缓解。恒大研究院院长任泽平、联讯证券首席经济学家李奇霖等专家表示，当前问题并非单纯的流动性紧张，而是流动性分层，即资金借贷市场出现结构性供需失衡，呈现部分机构流动性泛滥与部分紧张并存的局面。映射在当前现实，具体表现为国企贷款易但民企难，大型银行流动性充裕但中小型银行紧张等。

　　而导致流动性分层愈演愈烈的重要导火索，就是震惊市场的"包商事件"。5月24日，银保监会发布公告称，鉴于包商银行出现严重信用风险，为保护存款人和其他客户合法权益，对包商银行实行接管。消息一经发出立即引发了市场剧烈震荡，监管层20年来再度出手整治问题银行打破了市场的

"同业刚兑"信仰。一时之间，市场对于中小银行以及中低评级（以民企和小微企业为主）的债权发行主体避之不及，优质主体则遭到哄抢，中低评级主体信用收缩的迹象与趋势越来越明显。据任泽平测算，在"包商事件"发生的次月（6月份），城商行、农商行与国有银行间的同业存单发行利差就从此前的10—30个BP（基点）攀升至70个BP，R-007与DR007间利差从100—150个BP攀升至400个BP；民企和地方国企间的信用利差也在8月创下222个BP的历史新高①。10月底—11月初，河南伊川农商行和辽宁营口沿海银行接连发生挤兑事件，足见市场对中小银行的信心降至冰点。

流动性分层下，不少民企无奈表示，"现在不是融资成本的问题，而是融不到资的问题"。天风证券分析师孙彬彬发布报告显示，8月以来，民企新发债券难以覆盖超千亿的到期规模，导致国企与民企产业债净融资额差距拉大，民企多月债券净融资额为负且程度不断加深②。资金压力下，民企债券违约情况也不容乐观。惠誉评级发布《中国企业债市场蓝皮书》显示，尽管民企占发债数量和金额的比例远低于国企，但2019年民企在违约发行人数量以及违约债券本金金额的占比均超过了80%。以发行人数量衡量，民企违约率从2014年的0.6%攀升至2019年前11个月的4.9%，创下新高。与此同时，国内评级为"AA+"、"AA"及以下的民企违约率分别从2017年的0和1.9%提升至3.8%和6.4%③。

为了帮助企业降本增效、抵御风险，刺激民企投资活力，2019年政府不遗余力地打出了一套政策"组合拳"。不仅在年内全面降准1.5个百分点，还多次下调中期借贷便利（Medium-term Lending Facility，MLF）等政策利率，

---

① 任泽平：流动性分层的成因、度量、影响和应对.和讯网.https://shandong.hexun.com/2019-09-16/198560373.html.

② 千亿纾困资金驰援一年：部分变味已有纾困基金求退出.《经济观察报》.http://finance.sina.com.cn/roll/2019-12-08/doc-iihnzahi6014768.shtml.

③ 惠誉评级：2019年中国债市违约金额已近千亿民企违约率创历史新高.新浪财经http://finance.sina.com.cn/roll/2019-12-12/doc-iihnzahi6976947.shtml.

并对贷款市场报价利率（Loan Prime Rate，LPR）机制进行了改革。在国务院常务会议上，如何为企业降本增效成为重头戏。梳理中国政府网报道发现，在2019年的41次国务院常务会议中，有29次提及相关议题，出台具体措施42项，其中23项涉及优化营商环境、11项涉及减税降费、8项涉及降低企业融资成本。12月22日，中共中央、国务院印发《关于营造更好发展环境支持民营企业改革发展的意见》。在这份支持民企发展的最高规格文件中，提出了28条细致而全面的措施，被舆论称作为民企提前送出的新年"大礼包"。

表5-1　国务院常务会议出台相关措施为企业降本增效

时间	具体领域	相关举措
20190102	营商环境	推出便利化改革措施，解决企业反映强烈的"注销难"问题
20190109	减税降费	再推出一批针对小微企业的普惠性减税措施
20190130	营商环境	听取清理拖欠民营企业中小企业账款工作汇报，加大清欠力度完善长效机制
	营商环境	推出进一步压减不动产登记办理时间的措施
20190211	融资成本	支持商业银行多渠道补充资本金，增强金融服务实体经济和防风险能力
20190220	营商环境	制定涉企法规规章和规范性文件必须听取相关企业和行业协会商会意见
	营商环境	再取消和下放一批行政许可事项，全面开展工程建设项目审批制度改革
20190320	减税降费	明确增值税减税配套措施，延续部分已到期税收优惠政策并对扶贫捐赠和污染防治第三方企业给予税收优惠
20190326	减税降费	落实降低社会保险费率部署，明确具体配套措施
	营商环境	确定今年优化营商环境重点工作
20190403	减税降费	确定今年降低政府性收费和经营服务性收费措施
	营商环境	配合《外商投资法》实施优化营商环境需要，通过一批法律修正案草案
20190417	融资成本	确定进一步降低小微企业融资成本的措施
20190505	营商环境	力争年底前基本取消全国高速公路省界收费站，提高物流效率
	营商环境	以制度创新持续减少和规范证明事项，进一步优化政务服务和营商环境
20190508	减税降费	延续集成电路和软件企业所得税优惠政策

续表

时间	具体领域	相关举措
20190514	减税降费	进一步推动网络提速降费
	减税降费	确定发挥企业主体作用提高创新能力的措施
20190522	融资成本	确定深入推进市场化法治化债转股的措施，支持企业纾困化险
20190529	减税降费	对养老托幼家政等社区家庭服务业加大税费优惠政策支持
20190612	营商环境	加快建设社会信用体系构建相适应的市场监管新机制
	营商环境	决定进一步推进通关便利化，持续优化口岸营商环境
20190626	融资成本	确定进一步降低小微企业融资实际利率的措施，开展深化民营和小微企业金融服务综合改革试点
	融资成本	支持扩大知识产权质押融资和制造业信贷投放
20190710	减税降费	切实做好降低社保费率工作，全面推开划转部分国有资本充实社保基金
20190717	营商环境	进一步加强知识产权保护工作，切实保护各类市场主体合法权益
20190724	营商环境	进一步治理违规涉企收费的措施，大力清除企业不合理负担
	融资成本	深化区域金融改革试点，增强金融服务改革开放和经济发展能力
20190816	融资成本	运用市场化改革办法推动实际利率水平明显降低和解决"融资难"问题
20190821	营商环境	在自由贸易试验区开展"证照分离"改革全覆盖试点
20190828	营商环境	深化放管结合加强事中事后监管，促进公平竞争提升市场效率
	营商环境	再取消一批工业产品生产许可证，更大释放市场主体创新创造活力
20190926	减税降费	完善燃煤发电上网电价形成机制，促进电力市场化交易降低企业用电成本
20191008	营商环境	审议通过《优化营商环境条例（草案）》
20191016	减税降费	听取今年减税降费政策实施汇报，要求确保为企业减负担为发展增动能
	营商环境	以更优营商环境进一步做好利用外资工作
20191113	营商环境	健全固定资产投资项目资本金管理，促进有效投资加强风险防范
20191127	营商环境	以实施《优化营商环境条例》为契机加快打造市场化法治化国际化营商环境
	营商环境	更大力度为各类市场主体投资兴业破堵点解难题
20191212	营商环境	通过《中华人民共和国外商投资法实施条例（草案）》
	融资成本	推动进一步降低小微企业综合融资成本
20191218	营商环境	全面推进基层政务公开标准化规范化工作

　　国家统计局发布第四次全国经济普查报告显示，2018年末，全国私营企业1561.4万个，占全部企业法人单位的比重达到84.1%。由此看来，鼓励民营经济发展对我国经济行稳致远具有重要意义。对于激发民企活力这一任重道远的任务，媒体机构持续保持高度关注，期盼政府多环节综合施策，切实消除"所有制歧视"，打造公平公正、充满活力的市场。

　　和民间投资类似，在实体经济整体疲弱的2019年，制造业投资情况也难言乐观。国家统计局数据显示，经历2018年的回暖之后，全国制造业固定资产投资累计同比增速从2018年底的9.5%骤降至2019年4月份的2.5%，创下历史新低，并在之后持续低位徘徊。据媒体反映，不少制造业企业因为融不到钱，没有资金进行投资；但也有不少企业被发现宁愿购买理财也不投资。据《华商报》记者统计显示，截至4月1日，2019年内有47家公司理财投入超过10亿元，其中有22家来自制造领域[①]。

---

① 制造业公司喜欢搞理财部分公司投资已"触雷".《华商报》.http://finance.people.com.cn/n1/2019/0403/c1004-31010748.html.

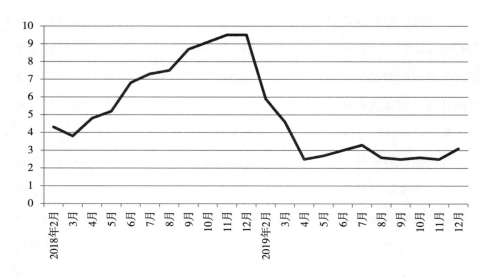

图5-4 制造业固定资产投资累计同比增速

（单位：%）

数据来源：国家统计局

　　梳理机构分析发现，制造业投资走势主要受三方面因素影响。一是融资环境。在民间投资占比超过八成的制造业领域，民企融资难这一市场普遍认可的顽疾必然影响到制造业企业融资。没有充足的"弹药"，许多企业表示"要想加大投资也力不从心"。二是企业盈利下滑。中信宏观援引数据表示，制造业企业自筹资金占全部投资资金的比重高达89%，几乎所有资金都来自企业盈利[①]。因此，企业盈利下滑必将制约企业投资能力。从国家统计局数据可以看到，2019年工业企业利润总额累计同比增速从2018年的10%—15%断崖式跌至负区间。海马汽车为扭亏一口气出售400多套房产再度引发舆论对如今制造业赚钱不易的唏嘘。三是投资预期回报。企业投资预期与需求情况紧密相连，毕竟有订单才有生产。但是当前需求状况整体疲弱：内需方面，经济

────────────

① 中信宏观：当前制造业投资的四大特点和三大影响因子.搜狐网.http://www.sohu.com/a/3310 89475_114984.

增速和消费增速双双下行，显示总需求不足；外需方面，受中美经贸摩擦扰动，出口增速也不见起色。因此，需求前景不佳导致企业预期难以得到提振。

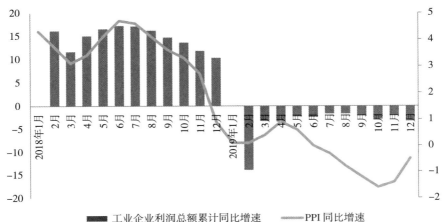

图5-5　工业企业利润总额（左）和PPI（右）同比增速

（单位：%）

数据来源：国家统计局

中国民生银行研究院宏观分析师伊楠表示，在当前形势下，把推动制造业高质量发展作为稳增长的重要依托，对于促进经济运行在合理区间、缓解就业压力、实现经济转型升级具有重要意义。为此，政府出台了一系列减税降费、融资便利的举措。7月30日召开的中央政治局会议就提出，稳定制造业投资，引导金融机构增加对制造业、民营企业的中长期融资。12月份召开的中央经济工作会议再次强调，增加制造业中长期融资。

和制造业投资相比，全国房地产开发投资累计同比增速在年初出现了较大幅度的增长，并于4月份达到11.9%的高点，随后持续下滑，但仍高于2018年的平均增速。"韧性十足"成为多数机构对2019年房地产开发投资的总体评价，这一走势也与房地产市场上半年走出的"小阳春"行情表现一致。世联研究发布《2019年上半年房地产市场报告》显示，监测城市中，一二三线城市销售额增速分别达57.8％、7.7％和27.7％；核心城市显著回暖，京津冀、长三角、珠三角监测城市增速分别为79％、18％和21％[1]。梳理媒体报道发现，2月份，深圳又现深夜排队抢房，八千万豪宅秒光；6月份，成都再现万人抢房，看一眼样板房排队长达2小时。

　　房地产销售"小阳春"还带动了土地拍卖市场热潮。中原地产研究中心统计数据显示，截至6月13日，年内拿地过百亿的房企多达40家，超过2018年（32家）、2017年同期（25家）。4月份，苏州在一周之内拍出3个地王，同时多个楼盘开盘日光，房价涨幅排名全国第一，引致政府出台"限售5年"的强调控措施。房地产的火热走势引发了舆论担忧，一时间有关房地产市场回暖的声音有所升温。对此，监管层高度重视，住建部先后点名南宁、佛山、苏州等城市进行预警提示，还约谈了西安、海口、三亚等城市。

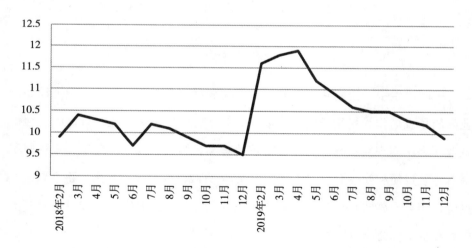

图5-6　全国房地产开发投资累计同比增速

（单位：％）

数据来源：国家统计局

---

[1]　世联研究：《2019年上半年房地产市场报告》.腾讯网https://new.qq.com/omn/20190722/20190722A0NKB600.html.

随着对热点城市的调控力度加大，市场热度有所降温，房价环比下行的城市增加。国家统计局发布的10月70大中城市房价数据显示，17个新建商品住宅价格环比下降，35个二手住宅价格环比下降，降价城市数量均创年内新高。有关"多地楼市降温""北京二手房量价齐跌""业主直降百万卖房"等报道明显增加。与此同时，部分四五线城市房价降至冰点，和一些重点城市的火热形成鲜明对比。4月份，黑龙江鹤岗楼市惊现"白菜价"引发舆论高度关注，报道显示3月鹤岗九州兴建小区周围房价约300元/平方米，320平方米的复式高层只要15万元①。"流浪到鹤岗，我五万块买了套房"的购房故事在网上爆火，也让鹤岗成了流浪者的乌托邦。严调控背景下的市场降温是导致房地产开发投资增速逐渐下滑的原因之一。数据显示，从一季度的楼市"小阳春"之后，全国房地产开发投资累计同比增速持续下滑，从4月的11.9%降至12月的9.9%。

此外，2019年监管层对地产融资的限制升温也是投资增速下滑的重要原因。5月17日，银保监会印发《关于开展"巩固治乱象成果促进合规建设"工作的通知》，要求商业银行、信托、租赁等金融机构不得违规进行房地产融资。监管要求下，地产融资愈发困难，叠加房企债大规模到期，不少房企面临巨大的资金压力。据人民法院公告网显示，截至11月20日，2019年房地产开发商的破产数量已经高达446家，平均每天就有1.5家房地产企业倒闭破产，创下历史纪录②。还有不少企业通过打折促销等方式努力回笼资金苦苦支撑。"双11"多套特价房源登陆天猫、京东引发舆论热议，凤凰房产、蓝鲸房产等将其视为房企在重压之下的无奈之举。

---

① 鹤岗万元一套房？实探"白菜价"住宅到底长啥样.《新京报》.https://www.jynews.net/newsWeb/toDetail?desId=77970.

② 太惨了！446家房企宣布破产 80%开发商死掉真要来？《中国基金报》.https://news.163.com/19/1124/02/EUNB97U80001899O.html.

展望2020年，政策调控下市场情况与企业自身资金储备仍是制约房地产开发投资增速的重要方面。市场方面，尽管在2019年下半年多个地区通过放松落户限制、取消限售等方式"花式"放松政策调控，但"房住不炒"的政策基调难以动摇。市场普遍认为未来调控政策将更具针对性，以稳为主，房价或难大幅波动。企业融资方面，针对房地产企业融资监管不见放松，但偿债高峰不容等待。据亿翰智库测算，2020年9月—2021年12月，房企将迎来偿债高峰期，偿还规模为12479亿元，月均偿还额780亿元。因此，恒大研究院房地产行业首席研究员夏磊等专家预计，2020年房地产开发投资将进一步下探。

第二节　消费：全面发力固基础

　　受需求疲弱、物价上行、收入增速放缓、消费基数大等多重因素影响，社会零售消费品总额的增速中枢自2017年来"一步一个台阶"逐年走低（见图5-7）。网上零售也没有逃过"下行魔咒"，增速从2018年初的37.3%腰斩至2019年12月份的16.5%。当前，在拉动经济的"三驾马车"中，出口因国际贸易形势严峻、外部经济体需求疲弱等因素不见起色；投资因内部需求不足、企业盈利下滑等因素增速持续下行。作为"第三驾马车"，消费不仅寄托着转型升级的重要使命，还被视为当前抵御经济下行压力的中流砥柱。因此，消费增速持续放缓引发了舆论的高度关注，市场机构对消费支撑经济增长动力减弱的担忧持续升温。

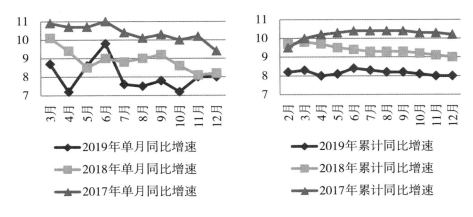

图5-7 2017—2019年社会零售消费品同比增速

（单位：%）

数据来源：国家统计局

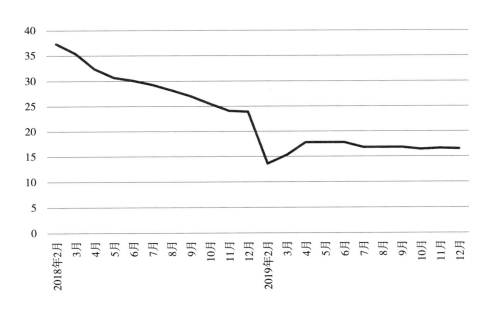

图5-8 2018—2019年网上零售额累计同比增速

（单位：%）

数据来源：国家统计局

在这一背景下，有关扩大内需、提振消费的政策层出不穷。国家发展改革委等10个部门1月29日联合印发《进一步优化供给推动消费平稳增长促进形成强大国内市场的实施方案（2019年）》，提出6个方面24项措施促进消费；8月27日，国务院办公厅印发《关于加快发展流通促进商业消费的意见》，提出了20条稳定消费预期、提振消费信心的政策措施。年内，在数次国务院常务会议上，家政服务、平台经济、商品消费、文化旅游、养老服务、体育健身等领域分别成为刺激消费的重要抓手，相关指导意见也迅速推出。促消费"国20条"等政策引发了媒体机构的广泛解读，舆论纷纷表示"大招来了""重磅出手"，对政策提振消费的预期效果态度乐观。

在顶层设计指导下，各地火速响应，纷纷出台具体政策，从打造特色街区、加强农村流通体系、促进跨境电商发展等多个领域刺激消费潜力。其中，点亮"夜间经济"成为媒体报道着墨颇多的特色政策。8月份，国务院办公厅发布《关于进一步激发文化和旅游消费潜力的意见》，提出发展夜间经济。在这前后，多地相继推出政策鼓励"夜间经济"。如，北京推出"夜间经济13条"，计划到2021年底打造一批"夜京城"地标、商圈和生活圈；上海启动首批24小时影院，并率先推出"夜间区长"和"夜生活执行官"；重庆自7月起启动为期三个月的夜市文化消费促进活动；长沙上线"夜间经济服务中心"；南京让夜间闲置的行政、企事业单位内部停车位向社会开放。

政策加持下，"夜间经济"促进消费的作用突出，成为网上舆论公认的城市增长新引擎。银联商务数据显示，2019年春节期间国内夜间总体消费金额、笔数分别达全日消费量的28.5%、25.7%；西安"大唐不夜城"、重庆两江夜游等夜间体验项目火爆；2019年携程门票上线的灯会专题活动中，游客数量同比增加114%[①]。元宵节时，北京故宫首次举办"紫禁城上元之夜"，门票开售

---

① 中国旅游研究院：2019年夜间旅游市场数据报告.199IT资讯网.http://www.199it.com/archives/846152.html.

就被"秒光",售票网站甚至一度瘫痪；国庆期间，上海外滩在10月2日晚创下了22万人次瞬时客流新纪录，黄浦江游览也是一票难求①。阿里巴巴7月24日发布的《阿里巴巴"夜经济"报告》显示，夜间消费占全天消费的比例超过36%，21时—22时是淘宝成交最高峰，银泰喵街在23时至次日2时之间每过一个小时客单价提高1000元②。艾媒咨询发布报告显示，夜间消费比例约占总体零售消费的六成，并持续以约17%的规模增长；预计2020年中国夜间经济将突破30万亿元。③机构专家普遍认为，"夜间经济"有望成为扩大内需的重要抓手。随着夜间基础设施、安全保障、公共服务等领域进一步完善，"夜间经济"这一盏"霓虹灯"将更为闪耀。

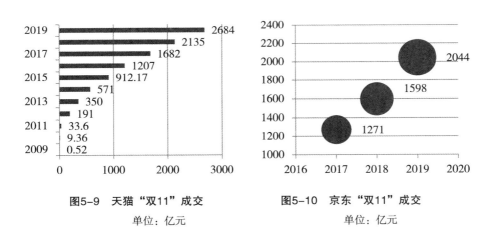

图5-9 天猫"双11"成交　　　图5-10 京东"双11"成交
单位：亿元　　　　　　　　单位：亿元

说到消费，每年的"双11"全民狂欢节备受网络舆论关注。在"双11"，各大平台铆足了干劲，推出各式各样的活动吸引用户。随着狂欢落幕，"破纪录""秒光"成为刷屏的关键词。其中，作为"双11"创始者的天猫，2019

① 今年上海旅游节期间，"夜经济"成为新增长点.中国新闻网.http://www.sh.chinanews.com/chan-jing/2019-10-08/64140.shtml.

② 《阿里巴巴"夜经济"报告》.搜狐网.https://www.sohu.com/a/331678094_665157.

③ 艾媒咨询：2019-2022年中国夜间经济产业发展趋势与消费行为研究报告.艾媒网.https://www.iimedia.cn/c400/65686.html.

年的战绩定格在2684亿元，首次突破2500亿元。仅用96秒，成交额就突破百亿，较2018年快了30秒；突破500亿元的时间仅为2018年一半；17分06秒，就达到了2014年"双11"全天的成交量。其他电商巨头也表现不俗。京东从11月1日至11日的"11.11京东全球好物节"期间累计下单金额超2044亿元，再破2019年年中"618十六周年庆"创下的2015亿元纪录，较2018年同期大幅增长27.91%。苏宁发布的"双11"战报则显示，11日当天全渠道订单量增长76%，新增Super会员超过百万，移动支付笔数同比增长139%。从上述一张张亮眼的"成绩单"可以看出，我国居民消费潜力仍然巨大。

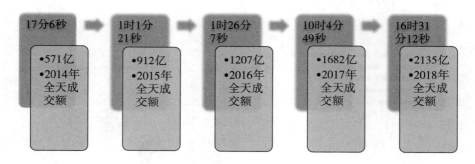

图5-11　2019年天猫"双11"成交额变化

表5-2　天猫"双11"历年交易额用时对比

金额	2017年	2018年	2019年
100亿	3分01秒	2分05秒	1分36秒
500亿	40分12秒	26分03秒	12分49秒
1000亿	9小时04秒	1小时47分26秒	1小时03分59秒
1500亿	21小时12分35秒	12小时8分40秒	8小时
2000亿	总交易额1682亿	总交易额2135亿	14小时21分29秒
2500亿			22小时27分59秒

　　与此同时，梳理网上报道的关键词可以发现，当前我国消费呈现出三方面特点，即"向上、向下、向新"。

所谓"向上"，是指我们常说的"消费升级"。央广网等媒体认为"双11"见证了我国居民消费的提质升级。"双11"期间，天猫平台上的iPhone11仅1分钟就成交破亿，戴森电动拖把10分钟成交超2018年"双11"全天；苏宁平台5G手机销量环比增长459%，新风系统订单量同比增长597%，70寸及以上大屏订单量同比增长超470%[①]。消费者的关注点持续从价格向品质转移，高科技、智能化的产品成为"香饽饽"。一份份订单显示了消费者对于品质消费的需求潜力巨大，进一步推进供给侧改革，提高有效供给应成为当前扩大内需、提振消费的重要抓手。

所谓"向下"，是指当前各大电商平台争夺凶猛的"下沉市场"。近年来，"小镇青年"的消费能力增长迅猛，越来越成为消费主流。舆论认为，相比于一二线城市被高房价、高生活成本压得喘不过气来的年轻人，三四五线的"小镇青年"有钱有闲，在我国消费市场中的分量越来越重。"小镇青年，新消费的下一轮增长就靠你了""小镇青年：不容忽视的新消费群体"等文章在网络刷屏。消费订单数据也为"小镇青年"的逆袭提供了证据。根据商务部监测，2019年"双11"期间新增网购用户约70%来自以三四线城市、县城、乡镇为代表的新兴市场[②]。巨大的消费潜力让"下沉市场"成了刺激消费政策的关键突破口。8月发布的《关于加快发展流通促进商业消费的意见》就从"改造提升农村流通基础设施""加快发展农产品冷链物流"等多个方面为下沉市场繁荣运行"保驾护航"。

所谓"向新"，是指消费的"新领域""新玩法""新模式"越来越受到追捧。随着"95后"逐步站上消费大舞台，个性化消费、小众消费渐渐风靡。

---

① 记者观察："双11"见证中国消费升级.央广网http://www.cnr.cn/list/finance/20191112/t20191112_524855403.shtml.

② 小镇青年，拯救世界的任务就交给你了.《经济观察报》.http://finance.sina.com.cn/roll/2019-12-09/doc-iihnzahi6244764.shtml.

"单身经济""颜值经济""宠物经济"等词汇频繁见诸报端,"新消费"成为媒体机构的重点议题。追求创新、个性的年轻人捧红了一件件新品。筋膜枪、喵喵机、洗鞋机、三明治早餐机等新物种纷纷在社交媒体崭露头角,为品牌商家带来新的增长点①。与此同时,"直播带货"迸发出激烈的火花,入选多个年度关键词榜单。据淘宝方面估计,淘宝直播一姐薇娅在"双11"当天实现了超27亿元的交易额,接近上海一线购物中心的年销售额②;网红主播李佳琦的"OMG""买它"成为网络热词。此外,"首店经济"也不甘落后。美国超市开市客一登陆上海就引发了抢购风潮,因为顾客爆满甚至在开店第一天就暂停营业。在更多地方,首家店面、首家旗舰店、首家体验店等纷纷亮相,吸引人潮涌动。

消费领域蓬勃发展令人振奋,但一些乱象也亟待规范。2019年来,一些代表"个性消费"的商品被炒成了"社交货币"。如盲盒(一种潮流玩具,里头通常装的是动漫影视周边、玩偶等,盒子外部没有标注,只有打开才知道买到了什么),有爱好者一年为其豪掷十多万甚至几十万,闲鱼上部分型号的盲盒玩偶价格炒至原价的39倍③。在潮鞋市场上,流传着"球鞋一面墙,堪比一套房""大学生炒鞋年入50万元"等"造富神话"。某运动鞋交易网站的数据显示,AJ5冰蓝15天左右从9000元涨到2.4万元,伦纳德的球鞋从4000多元涨到三四万。炒鞋妖风还催生炒币,一家名为"55交易所"的数字货币交易所推出了潮牌通证ATO(Asset-based Token Offering,指基于资产的通证发

① 双11引爆新消费新物种、新职业、新品牌层出不穷.《中国消费者报》.http://www.ccn.com.cn/html/news/xinxiaofei/2019/1129/479356.html?1575016274.

② 在电商直播这条路上,李佳琦和薇娅走到了分岔路口.界面新闻网.http://baijiahao.baidu.com/s?id=1652035887269541696&wfr=spider&for=pc.

③ 59元涨到2350元!杭州夫妻入坑买"盲盒",有人已投几十万.《钱江晚报》.http://tech.ifeng.com/c/7q8vAWbpJCK.

行模式）项目，生产阿迪达斯Yeezy、耐克AJ等各式潮鞋代币[①]。此外，汉服、Lo裙等炒作也都隐隐形成产业。"万物皆可炒"引发了舆论担忧。网民纷纷表示，疯狂炒作不仅抬高了商品价格，更带来了风险和套路，让消费者分分钟掉坑。

与此同时，多种消费领域顽疾依旧存在。例如，夸大甚至虚假宣传：有媒体曝出，网购刷单造假泛滥，有些网店甚至连差评都是假的；8月28日，格力电器董事长董明珠在中国质量协会40周年纪念大会上"用格力电饭煲煮饭血糖不升高"的言论引发舆论质疑。再如，消费者维权难：4月上旬，一则"奔驰女车主哭诉维权"的视频在网上火了。视频里的女车主花66万购买的奔驰车还没开出店门就漏油，因多次沟通解决未果，该车主迫不得已坐在店内汽车的引擎盖上维权。此外，平台垄断的新闻也频频被曝，电商"二选一"已成为多个品牌越不过的坎。因此，在优化产品供给、畅通流通渠道的同时，进一步净化消费市场环境也是提振消费必不可少的举措。

在经济走向高质量发展的路途上，消费是不可或缺的角色。"激发消费潜力助推高质量发展""以消费升级引领经济高质量发展""消费'主引擎'力推高质量发展"等报道凸显出消费对我国经济重大意义。畅通消费渠道、优化产品供给、培育市场环境，在政府不遗余力地出台提振消费的政策刺激下，相信更多消费潜力将得到激发。中国贸促会研究院国际贸易研究部主任赵萍称，2018年中美消费规模差距已经缩小到2800亿美元，中国消费规模相当于美国的95.36%；保守估计，中国在2020年就能超越美国，成为世界第一大消费市场。

---

① 江翰视野：炒鞋、炒盲盒、炒茅台，炒炒炒的背后新消费启示何在？.新浪财经.http://baijiahao.baidu.com/s?id=1652515093530704969&wfr=spider&for=pc.

第三节 物价：对症下药保民生

从年初的"1"字开头，破"2"，再到12月份的4.5%，2019年全国居民消费价格同比涨幅开启"火箭"速度。由于与老百姓的生活息息相关，物价上涨成了全民话题。"新晋奢侈品猪肉""水果自由"等段子频频刷屏互联网。9月份，一首"我在马路边捡到一元钱"的改编儿歌火爆网络，不少网民表示"物价飞涨，儿歌也涨价！""现在根本捡不到一分钱了，与时俱进！"

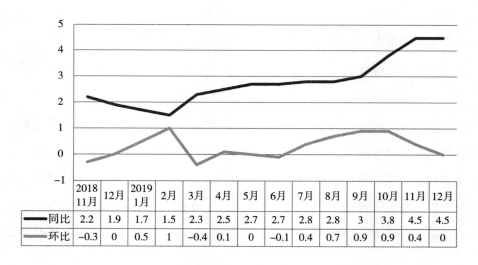

	2018 11月	12月	2019 1月	2月	3月	4月	5月	6月	7月	8月	9月	10月	11月	12月
同比	2.2	1.9	1.7	1.5	2.3	2.5	2.7	2.7	2.8	2.8	3	3.8	4.5	4.5
环比	-0.3	0	0.5	1	-0.4	0.1	0	-0.1	0.4	0.7	0.9	0.9	0.4	0

图5-12 全国居民消费价格涨跌幅

（CPI，单位：%）

数据来源：国家统计局

作为当前这一轮物价上涨的"带头大哥"，猪肉价格在非洲猪瘟扰乱市场供需的背景下一飞冲天。农业农村部监测价格显示，相比于2018年全年稳定在"20"关口之下的价格，猪肉批发价从1月份的18.58元/公斤，飙涨至12月份的43.44元/公斤，涨幅高达133.8%。网民纷纷直呼"二师兄的身价比师父还高了！""吃得起猪肉才是真土豪！"还有舆论认为在"最强猪周期"里"卖一辆车利润不如卖两头猪""干什么都不如养猪来钱快"。"今天你吃猪肉了吗？"也成了互联网上流行的"灵魂拷问"。

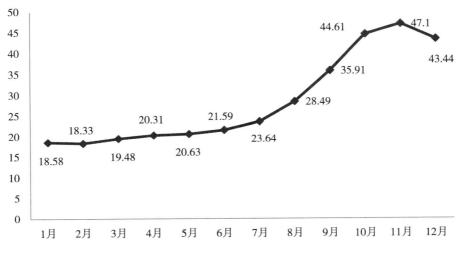

图5-13 2019年猪肉批发价格

（单位：元/公斤）

数据来源：农业农村部

更加雪上加霜的是，由于猪价上涨引发的替代效应（即用其他肉类替代猪肉），相关肉价也出现了联动上涨。好比"牛魔王"，在2019年可谓"牛气冲天"，不仅年初就突破了"60"大关，8月—11月在"猪兄弟"的助攻下迅速走高，最终于12月份突破"70"大关，再创新高。"羊贵妃"也不甘示弱，除4月份外，2019年羊肉批发价持续维持在60元/公斤以上的高位运行；截至12月份，羊肉批发价从低点的59.92元/公斤涨至68.15元/公斤，上涨13.73%。此外，禽蛋价格也在猪价飙涨的同时让老百姓大呼"鸡肉起飞""求蛋定"。农业农村部监测显示，3月—9月，鸡蛋批发价上涨了59.4%；7月—11月，白条鸡批发价上涨了24.77%。

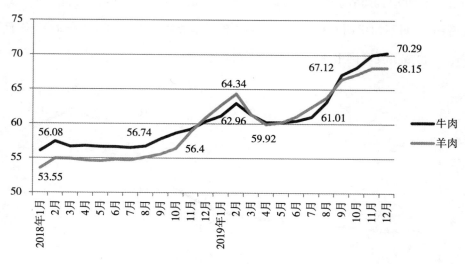

图5-14　2018—2019年牛羊肉批发价格

（单位：元/公斤）

数据来源：农业农村部

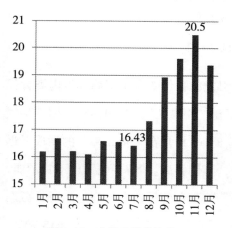

图5-15　白条鸡批发价格

（单位：元/公斤）

数据来源：农业农村部

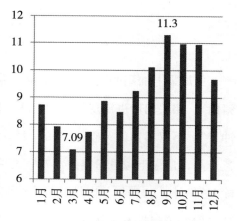

图5-16　鸡蛋批发价格

（单位：元/公斤）

数据来源：农业农村部

　　老百姓对肉价上涨的担忧情绪远不仅是表现在网上的几句吐槽，2019年以来武汉、陕西等地陆续出现猪肉被抢购一空的报道。11月3日，广西钦州一超市限期售出17.9元/斤的特价猪肉引发市民哄抢。在网上热传的视频中，不论是大爷大妈还是年轻人，都争先恐后，有多少买多少。与此同时，多地早餐店陆续打出调价通知，包子、生煎、米粉等食品纷纷涨价。而在一些地方，猪肉甚至从餐盘中消失。11月份，有媒体爆料青岛理工大学临沂校区食堂主营猪肉菜品的窗口贴上了停产通知，只要是猪肉相关的菜品都不再售卖。有学生称，在食堂已经一个多月没吃到猪肉了[①]。越来越多的人走进饭店也发现，许多猪肉相关的菜品惨遭下架。有商家无奈表示，"肉价一直涨，现在贵的没法定价、只能下架。"如今，在卖猪肉的摊位上，出现了支持分期的标识；在一些商家的活动奖品中，猪肉成了头奖。11月6日晚，江西赣县中学的一组"考到联考状元奖励猪肉2斤"的标语在网上刷了屏，被称为"最富阔的奖励"。

---

① 临沂一高校食堂因猪肉涨价，学生一个多月都没吃过猪肉了.今日临沂网.http://baijiahao.baidu.com/s?id=1649610945517832063&wfr=spider&for=pc.

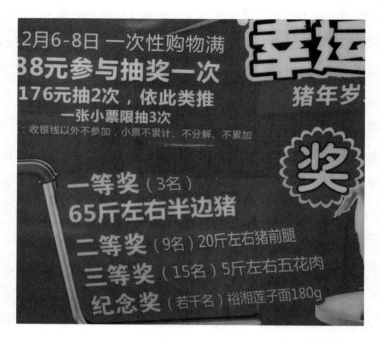

2月6-8日 一次性购物满

88元参与抽奖一次

176元抽2次，依此类推

一张小票限抽3次

收银线以外不参加，小票不累计、不分解、不累加

幸运

猪年岁

奖

一等奖（3名）

65斤左右半边猪

二等奖（9名）20斤左右猪前腿

三等奖（15名）5斤左右五花肉

纪念奖（若干名）裕湘莲子面180g

图片来源：互联网

在肉价上行的这根主线之外，水果、蔬菜也在2019年的部分月份怒刷了一把存在感。春节期间，"车厘子自由"成为人们自我鉴定是否混得足够好的新标准。上半年，一些常见的水果也不甘落后，价格涨幅惊人。农业农村部监测数据显示，7月份，苹果、鸭梨的批发价格分别达到13.49元/公斤和9.78元/公斤，同比分别上涨109.15%和177.84%，"全国鲜果价格上涨"再登微博热搜榜。国家统计局发布数据显示，在6、7月份，鲜果价格分别上涨42.7%和39.1%，分别影响CPI上涨约0.71和0.63个百分点，超过猪肉价格上涨的影响力（0.45和0.59个百分点）。幸运的是，水果价格在下半年开始回到合理区间。但紧接着，部分蔬菜品种开始发力，"蒜你狠"重现江湖。大蒜批发价格自6月突"破7"之后持续维持在8元—9元/公斤高位运行，同比涨幅超60%。蒜薹价格则是全面压制，价格走势整体位于2018年之上。"民以食为天"，面对你追

我赶、此起彼伏的涨价潮，老百姓纷纷呼吁政府出手，稳定物价。

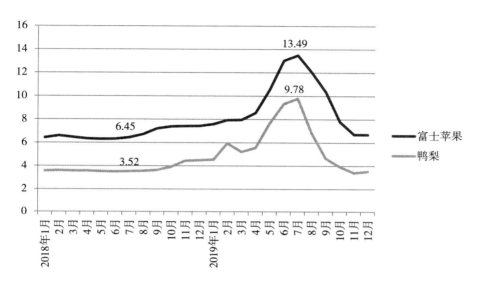

图5-17 2018—2019年富士苹果、鸭梨批发价格

（单位：元/公斤）

数据来源：农业农村部

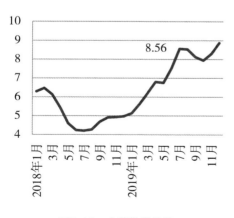

图5-18 大蒜批发价格

（单位：元/公斤）

数据来源：农业农村部

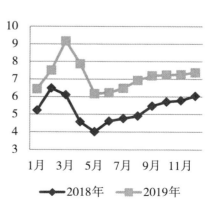

图5-19 蒜薹批发价格

（单位：元/公斤）

数据来源：农业农村部

面对群众诉求，猪肉这一物价上涨的"牛鼻子"成了稳定市场的重要抓手，不仅数次被列入国务院常务会议的讨论议题，李克强总理在黑龙江考察期间还特意跑到菜市场的猪肉档前询问价格和销售情况。政府高度重视，相关政策"组合拳"也陆续出台，猪肉"保卫战"开打。

首先，为保障短期供应，多部委联合开展中央储备冻肉投放工作。单在9月份，就累计投放猪肉3万吨、牛肉2400吨、羊肉1900吨；一些地方也陆续投放地方储备冻猪肉，多地投放点几乎不到半日就被采购一空。其次，扩大猪肉进口。数据显示，1月—10月，我国猪肉进口量已超过150万吨，同比增长近50%；其中10月单月猪肉进口量超17万吨，同比翻了一倍还多[1]。在销售环节，多地严厉打击串联涨价、囤积，部分地区还出台了限价限购措施。如广西南宁实施猪肉价格临时干预机制，在主要农贸市场设点限量限价销售猪肉；贵州江口县发布猪肉保供稳价告诫书，要求各品种猪肉价格限制在20元—25元/斤。为了保障老百姓的钱袋子，物价补贴也陆续发放。国家发展改革委价格司司长岳修虎9月5日接受记者采访时表示，4月份以来全国多地启动社会救助和保障标准与物价上涨挂钩的联动机制。截至当前，已有29个省份和新疆生产建设兵团累计发放价格临时补贴金额约24亿元，惠及困难群众9000余万人次[2]。

长期来看，让猪肉价格回归合理区间，根本还在于多养猪，填补非洲猪瘟带来的供应缺口。下半年来，鼓励养猪的措施层出不穷。8月21日，国务院常务会议确定稳定生猪生产和猪肉保供稳价五条措施，要求立即取消超出法律法规的生猪禁养、限养规定，加大对生猪调出大县和养殖场（户）的支持，

---

① 中国将继续积极增加猪肉进口.中国新闻网http://news.sina.com.cn/o/2019-11-28/doc-iihnzh-fz2366548.shtml.

② 全国已发放价格临时补贴24亿元惠及困难群众9000余万人次.新华社
http://baijiahao.baidu.com/s?id=1643851996013120345&wfr=spider&for=pc

取消生猪生产附属设施用地15亩上限等。国家发改委、农业农村部、银保监会、生态环境部、交通运输部等密集发文，分别从养殖补贴、项目用地、贷款扶持、运输便利等多个方面为生猪养殖加油打气。广东、天津等地方政府也纷纷出台鼓励措施，四川、江西、浙江等省份甚至立下了生猪产量"军令状"。舆论纷纷认为2019年的一系列生猪养殖政策堪称"史上最强"。

数读各地政府平抑猪价措施

广东 12部门联合出台"猪十条"划定生产红线，明确有证的规模猪场贷款贴息比例不超过2%。

浙江 规模养殖场引进种猪，每头临时补贴500元。力争明后年实现新增生猪存栏300万头以上、自给率70%的目标。

四川 15部门联合出台"猪九条"，确定全年4008万头的基本保障任务。

江西 安排400万元用于种猪场生产救助补助。确保今年完成438.1亿斤粮食总产量，生猪净调出量达1000万头以上。

江苏 已下达2.61亿元补助资金，并将能繁母猪、育肥猪保险金额分别提高200元/头到1200元/头和800元/头

数据来源：据各地官方通知整理

图片来源：21数据新闻实验室

一时之间，"养猪"成了市场热议的话题。"国家叫你来养猪""北京有人降价100万卖房养猪""养猪的暴利时代"等文章和关键词在网上热传。搜猪网分析师冯永辉按照9月初的生猪市场价格测算发现，养殖户头均盈利已达到1491元，创历史新高。有网民调侃称"我和马云的距离只差几个猪场"。在政策利好的背景下，上市公司纷纷跑马圈地扩大产能。据21数据新闻实验室不

完全统计，截至9月初，涉生猪业务的18家上市公司就有9家年内投资了与生猪养殖相关的项目①。值得注意的是，市场上出现了一些不法商人，为牟取暴利，向养猪场丢弃死猪、投放带非洲猪瘟病毒的物品，然后散布谣言、制造恐慌，大幅压低价格买猪，借此炒作。这一恶劣行径不仅极大地打击养殖户的积极性，也容易造成非洲猪瘟病毒在炒猪团非法调运过程中肆意散播，亟需加大打击力度。

今年投资生猪养殖项目的部分上市公司

公司简称	上半年营收/亿元	营收增速	今年股价涨跌幅	投资项目
新希望	353	11.54%	167%	拟投资37.48亿在甘肃新建年出栏250万头商品猪养殖聚落
大北农	81	-10.26%	80%	增加对养猪公司的控制权上半年9个猪场项目陆续开工
唐人神	73	6.51%	114%	签订年出栏15万头生猪养殖项目拟投资3亿，达产后可实现年收入3亿
牧原股份	72	29.87%	182%	拟斥资1.2亿在6家知名养殖县设立子公司，打造一体化生猪产业链
立华股份	36	8.12%	86%	向子公司增加投资并实施募投项目项目涉及养鸡及养猪业务
天邦股份	29	57.9%	95%	拟合作建成年出栏500万头生猪的产业基地
傲农生物	27	-0.95%	167%	出资2400万元合资设立公司开展生猪养殖及销售等业务
得利斯	11	14.48%	63%	拟与大北农合资设生猪养殖业务公司拟合资设立冷链物流公司
新五丰	8	10.17%	229%	拟设立子公司发展生猪养殖并对其增资

数据来源：据上市公司公告及财报整理

图片来源：21数据新闻实验室

---

① 养一头猪究竟能赚多少钱？（附全国猪价地图）.《21世纪经济报道》http://finance.sina.com.cn/roll/2019-09-04/doc-iicezueu3245010.shtml.

然而，由于生猪养殖需要时间，因非洲猪瘟带来的供需缺口在短期内难以填平，不少经济学家预计短期内CPI仍将随猪价上涨而继续走高，2020年初或将"破5"。如国信证券首席证券分析师董德志预计，2020年1月CPI同比或达5.2%，且整个上半年将维持在4%以上；如是金融研究院院长管清友甚至表示，1月CPI在元旦、春节双节效应下大概率突破5%甚至逼近6%。考虑到前期由于养殖户恐慌性抛售消耗了部分产能，猪价可能在一季度出现报复性上涨。

相较于火热的消费品，工业品价格则在2019年唱出一首"凉凉"。从国家统计局发布的数据可以看到，无论是工业生产者出厂价格（PPI）还是购进价格，同比增速中枢都在走低。截至12月份，PPI同比下降0.5%，连续6个月位于负区间。媒体机构分析具体数据发现，生活资料同比增速较为平稳，但是生产资料价格走势不容乐观，成为工业品价格下滑的主要拖累因素。如，中国电煤价格指数就从1月份的511.02降至11月的483.09，下跌5.78%[①]。

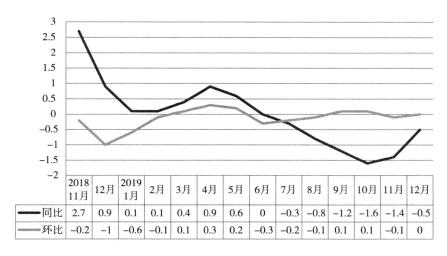

	2018年11月	12月	2019年1月	2月	3月	4月	5月	6月	7月	8月	9月	10月	11月	12月
同比	2.7	0.9	0.1	0.1	0.4	0.9	0.6	0	−0.3	−0.8	−1.2	−1.6	−1.4	−0.5
环比	−0.2	−1	−0.6	−0.1	0.1	0.3	0.2	−0.3	−0.2	−0.1	0.1	0.1	−0.1	0

图5-20 工业生产者出厂价格涨跌幅

（PPI，单位：%）

数据来源：国家统计局

---

① 数据来源：国家发改委价格监测中心http://jgjc.ndrc.gov.cn/dmzs.aspx?clmId=741.

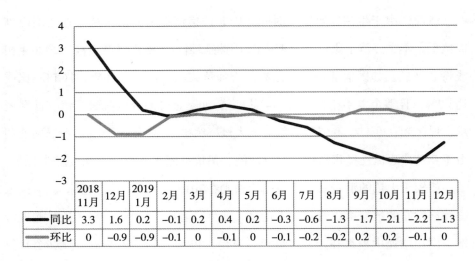

	2018年11月	12月	2019年1月	2月	3月	4月	5月	6月	7月	8月	9月	10月	11月	12月
同比	3.3	1.6	0.2	-0.1	0.2	0.4	0.2	-0.3	-0.6	-1.3	-1.7	-2.1	-2.2	-1.3
环比	0	-0.9	-0.9	-0.1	0	-0.1	0	-0.1	-0.2	-0.2	0.2	0.2	-0.1	0

图5-21　工业生产者购进价格涨跌幅

（单位：%）

数据来源：国家统计局

PPI数值持续下行引发了舆论对工业通缩的担忧。恒大研究院院长任泽平连续刊文疾呼"物价拿掉猪以后都是通缩""不能为了一头猪牺牲整个国民经济"，"PPI陷进通缩""PPI通缩加速令经济堪忧"等文章和标题在网上热传渲染焦虑情绪。在经济下行压力大、内外需求疲弱的背景下，不少机构专家都认为2020年PPI仍将缺乏上涨动力，延续负增长态势。中金公司认为，虽然食品价格上升，但非食品通胀与PPI均显示通缩压力上升，预计2020年PPI均值在-2%左右。

值得注意的是，在工业品价格总体上"过冬"的同时，也有部分特定原材料价格暴涨扰乱市场：首先是水泥，自8月中旬（8月16日：143.65）触底回升以来，全国水泥价格指数（CEMPI）①上涨了15.86%。每日经济新闻记者调研发现，湖南、江西、广东、广西、河南等地涨势汹汹，河南地区甚至半

---

① 中国水泥网，https://index.ccement.com.

个月就涨了200元/吨，最高卖价一度突破"700"大关。[①]同为建筑业最为重要的原材料之一，砂石价格也在2019年继续走高。安徽合肥规模前三的混凝土搅拌站生产经理马建雄称，"2018年春天前，河砂价格一直稳定在40多元/吨左右，现在这个数字已涨到了130元，有的地方甚至到了160—170元/吨。江砂价格也在涨，2018年是100元/吨，最近都140元/吨左右了。"对此。不少混凝土企业、建筑企业表示成本急剧增加，压力无法承担，大呼"扛不住了"。4月，安徽六安一名建筑商向当地住建局发出的《求助信》刷了屏，信中表示建筑材料涨价已造成很多从事建筑业施工的企业和个人举步维艰、难以生存，恳请尽快出台相关建筑工程施工材料价格调整的文件。[②]

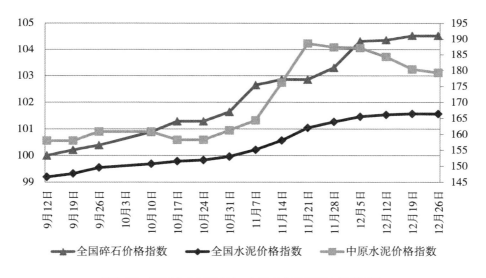

图5-22 碎石（左纵坐标）、水泥（右纵坐标）价格指数

数据来源：中国水泥网

---

① 水泥行业上演"冬天里的一把火"！加钱也没货，买家和卖家都"疯了". 每日经济新闻 https://new.qq.com/omn/20191201/20191201A03J1K00.html.

② 河砂价格暴涨3倍碎石涨2倍建筑企业向政府求救. 搜狐号"长江水域网" http://www.sohu.com/a/308649032_738977.

涨价的同时，"水泥断供""砂荒"更让人头疼，经销商们反映"到处都缺货""加钱也买不到货"。河南安阳一家水泥厂的工作人员表示，"自己厂里要用的水泥都没有了，现在派出去三批人去内蒙古、宁夏、山东那边找熟料和水泥！"①中国砂石协会也表示，目前是中国近几十年来较为严重的一次砂石短缺。河南信阳市固始县甚至发布文件，要求县城居民用砂需凭身份证到指定地点登记购买。②作为建筑项目最为基础的原材料，水泥、砂石的短缺导致多地出现了建设项目停工的情况。媒体机构分析认为，环保限产导致供应紧缩叠加房产、基建需求韧性十足是促使涨价的重要原因。有人甚至向政府请愿：环保可以，但不要关厂。

综上所述，2019年，我国的物价问题呈现结构化特征，即食品类价格（尤其是猪肉）上行一枝独秀，工业品价格持续低位运行，可谓"冰火两重天"。在这一背景下，有关中国经济陷入"滞胀"困境（即经济下行、失业和通胀高同时存在）的担忧也有所升温。国泰君安发布分析报告表示，自2019年二季度至2020年一季度，我国已经处于"微滞胀"的状态。面对这一困境，既需要加大刺激力度提振经济活力，又要防止宽松政策推高通胀水平，我国决策者面临着巨大考验。正如9月26日国务院常务会议指出的，稳物价事关千家万户切身利益，事关经济社会发展大局。面对当前形势，相信有关部门将尊重规律，更加注重运用市场办法，遏制部分食品价格过快上涨，保持工业生产者出厂价格基本稳定，保证全年物价总水平处于合理区间。

---

① 水泥行业上演"冬天里的一把火"！加钱也没货，买家和卖家都"疯了".每日经济新闻https://new.qq.com/omn/20191201/20191201A03J1K00.html.

② 砂石水泥价格上涨，这些上市公司受益！.第一财经http://baijiahao.baidu.com/s?id=165208710368 8725148&wfr=spider&for=pc.

第六章　新经济：为有源头活水来

2019年，国内外风险挑战明显上升，我国经济在高质量发展进程中面临巨大挑战。这一年，新经济逆势增长，突破重重桎梏和障碍，助推传统产业动能转换，成为推动经济结构优化的重要引擎。同时，互联网巨头风雨飘摇、高新技术一日千里凸显监管落后、创业创新愈发艰难等情况再次表明，新经济发展从来不是一帆风顺。然而，随着政策持续发力，新经济之崛起已是大势所趋。

第一节　互联网行业：拨乱为治

1999年，如今的中国互联网巨头BAT——百度、阿里和腾讯刚刚创立。经过20年的发展，中国互联网已然成为中国经济的创新引擎。在迎来20周年诞辰之际，多家中国互联网巨头登上热搜榜，这些企业的人事变动、股权争夺和工作制度让网民们吃瓜的同时也带来了对互联网行业快速发展的反思与拷问。

互联网企业大佬向来是舆论的关注焦点。2019年，大佬们的动向仍然赚足了眼球。7月3日，2019年百度AI开发者大会开幕，一名男子冲上台对正在演讲的百度创始人李彦宏当头泼了一瓶矿泉水。消息迅速在社交媒体平台传开，登上微博热搜，刷屏网友的微信朋友圈。作为受损一方，李彦宏及百度似乎应获得同情和关心，却在舆论场遭致揶揄。一贯有才的网友在描述这次泼水事件时发明了"宏颜获水""提壶灌顶""大男淋头"等网络热词。不少人猜测李彦宏被泼水或与百度搜索竞价排名争议有关，显然"魏泽西事件"的影响仍未消去，信任危机的消解道阻且长。

9月10日，互联网最醒目的标题是"马云正式卸任董事局主席"。在当天举办的阿里巴巴20周年年会上，马云发表卸任演讲。"一个时代结束"，这句话在网络上随处可见。中国第一代互联网巨头的"交班首秀"，传递着人们对电商传奇马云的敬意，也透露出对未来的不确定感。和讯网刊文表示，"马云卸任了，但阿里巴巴面临的挑战一点也不少"，蓝鲸财经感叹，"但愿马云卸任，阿里巴巴不是只剩归途。"

2019年，电商平台当当网也迎来了20周年庆，本是平台铺开系列庆典活动的大好时机，但创业夫妻、联合创始人李国庆和俞渝在社交平台的互撕却"喧宾夺主"。10月23日，李国庆发布微博称与妻子俞渝离婚，并在微信朋友圈称自己被俞渝"逐出当当"。随后俞渝在朋友圈回击，指责李国庆"不顾家，有梅毒，是同性恋"①。夫妇二人在社交平台突破社会道德底线地互相"爆料"，引发舆论不适。财经自媒体格隆汇指出，这一连串的网络"互动"都仅是前奏，"正菜"则是离婚的问题，更牵扯到当当网股权分配的问题。创业企业的股权分配、公司治理规范等问题引起业内探讨。

企业家的故事备受关注，员工的际遇则更容易引发共鸣。3月27日，一个名为"996.ICU"的项目在托管平台GitHub上传开，呼吁程序员揭露实行超长工作制度的公司。所谓"996.ICU"，是指"每天工作时间从早9点至晚9

---

① 俞渝朋友圈开撕李国庆：同性恋，梅毒，撒谎.网易https://tech.163.com/19/1023/23/ES79T-B3000097U7R.html.

点，一周工作6天，一生病就住进ICU。"短短数日，项目就获得了数万点赞，华为、阿里、京东、大疆、字节跳动等先后上榜"996公司名单"，令这一话题成为全民讨论热点。随后，阿里巴巴创始人马云、京东创始人刘强东、小米创始人雷军、OPPO副总裁沈义人等先后发表言论，强调员工应具有"奉献""奋斗""提升"的精神，更激起舆论一波又一波的不满，质疑企业家为"996工作制"背书。《人民日报》等主流媒体表示："无论是在法律上还是道德上，超长加班、侵犯劳动者的合法权益都是不被认可的。"更多的自媒体则剖析称，员工高压工作状态的背后是"互联网行业红利消失""景气度进入低谷"。

2019年，互联网企业裁员的消息不绝于耳，引发了互联网企业职场人更多真切的担忧。在2月15日上午滴滴举办的月度全员会上，CEO（执行总裁）程维宣布"关停并转"非主业，整体裁员比例占全员15%，涉及2000人左右①。2月17日晚，《财经》爆料网易裁员的消息，预计裁员比例在30%—40%，部分部门的裁员比例达到了50%②。10月24日，具有社交属性的健身App "Keep"开始了一轮大裁员，整体涉及10%—15%，约80—120人③。《明星企业频曝裁员降薪，互联网经济发生了什么?》《互联网大寒冬!2019裁员比例高达90%为哪般?》《为什么互联网科技公司都在裁员?》等文章不时在网上热传，纷纷认为互联网裁员浪潮已经出现。

年末，两起劳动纠纷将互联网企业裁员潮的热度推上波峰。11月23日晚，《网易裁员，让保安把身患绝症的我赶出公司，我在网易亲身经历的噩梦! 》

---

① 滴滴CEO程维宣布公司将做好过冬准备，或裁员2000人.界面https://www.jiemian.com/article/2867020.html.

② 网易确认多业务线裁员调整，丁磊本命年比想象中更焦虑.搜狐网https://www.sohu.com/a/298280268_786855.

③ "程序员节"Keep突然裁员，整体涉及10%—15%，多为技术开发岗.36氪https://36kr.com/p/5259398?from=timeline.

一文在网上热传。文中一名5年工龄的网易前游戏策划师自爆"身患绝症"被裁员，遭受网易多种不平等待遇及威胁、驱赶。随着文章在各大社交平台上迅速扩散，网易因"暴力裁员"被舆论口诛笔伐。无独有偶，11月底，媒体曝光华为前员工李洪元因离职补偿被起诉敲诈勒索的事件掀起轩然大波。据悉，李洪元于2018年1月离职，双方经商谈同意补发38万余元离职补偿。但在2018年12月，离职已快一年的李洪元却因华为控告其敲诈勒索离职补偿33万元被深圳公安局刑事拘留。在羁押了251天后，李洪元因"证据不足"无罪释放，获得国家赔偿10万元。相关事件在网上持续发酵，形成针对华为的舆论声讨。知乎网民据此认为，经济下行已经是不争的事实，从各行各业的头部企业开始，裁员的浪潮滚滚，脆弱的劳资关系已到了剑拔弩张之势。"出身985，工作996，离职251"在全网热传，一时间成为媒体网民对互联网头部企业接连被曝裁员的尖锐吐槽。

2019年，"互联网+"行业种种乱象再度露头。其中，网贷行业在经历了监管合规化之后，部分非法平台卷土重来。央视"3·15晚会"曝光名为"714高炮"的小额贷款骗局。这种网贷期限为7天或14天，基本都上年化收益率都超过1500%，江湖称之为"高炮"。借贷者常常遭遇暴力催收，平台服务商则有恃无恐。中国经济网认为，"714高炮"平台的露头说明超短期现金贷沉寂一段时间后又复活了。而经过两年多整治的"校园贷"也死灰复燃。《每日经济新闻》记者调查发现，部分平台在国家取缔校园贷之后，仍悄悄从事该业务。在记者测试的平台中，仍从事校园贷的占比超过42%。

与此同时，网贷平台"爆雷"的轰鸣声并未停息。3月28日，广东东莞市公安局发布通报称，成交额超1300亿的团贷网涉嫌非法吸收公众存款被立案侦查，实控人唐军已投案自首。一时间，22万受害人如坐针毡。同日，上海P2P平台"口袋理财"发布公告称，因被公安部门调查，办公设施被查封，平台暂停发标。无独有偶，山东威海市发函提示，恒昌汇财、信和财富、捷越联合等16家P2P平台被列入非法集资风险提示函名单。

　　梳理媒体报道发现，多地在2019年下半年开始出手取缔违规P2P网贷平台。10月16日，湖南省地方金融监督管理局宣布取缔辖内纳入行政核查的24家网贷机构P2P业务，未纳入行政核查的其他机构也一并取缔其在湖南省的P2P业务。随后，山东、重庆、四川、河北等地均在全省范围取缔P2P，宁夏、天津、江西、广西等地取缔和清退工作也在进一步进行。舆论纷纷认为P2P行业遭受"核打击"，网贷规模大幅缩水。网贷之家数据显示，截至2019年11月底，P2P网贷行业正常运营平台合计贷款余额总量为5408.28亿元，同比下降33.33%，约缩水了2703亿元。7月18日，中国最大在线财富管理平台之一的陆金所由于无法备案而计划退出P2P业务。P2P"一哥"的主动退出引发舆论场震动。"资金有没有保障""行业内其他头部公司会不会跟进"等疑问和焦虑萦绕在众多投资者心中。舆论对整治P2P企业表示支持和认可，认为有助于行业合规健康发展；但也有声音质疑全面取缔涉嫌"一刀切"，建议监管部门对网贷行业如何出清转型作进一步规范和指引。

　　2019年，共享经济细分领域频频传出企业倒闭、整合、破产等消息。如德企戴姆勒旗下共享汽车品牌car2go发布官微称将在6月20日正式结束在中国的分时租赁运营业务①；8月，共享汽车企业立刻出行被曝在广州地区已经无车可用，499元的保证金也退不出来，电话一直打不通；9月，共享衣橱头部企业"衣二三"被爆出"自动扣款""货不对版"等投诉。

　　2019年，网民发现共享产品不约而同地涨价了。共享单车原来的"零元使用"或者"1元包月"已经销声匿迹，各家共享单车逐渐涨到1元/半小时、1元/15分钟，价格翻了几番；共享充电宝由1小时的2元—3元涨到4元；共享

---

① 共享汽车大溃败，公司倒闭、押金难退，在风口上为何就飞不起来？和讯网https://news.hexun.com/2019-06-09/197470940.html.

雨伞也由过去的1元收费涨到3元……网民纷纷吐槽"开始割韭菜了"。《北京日报》表示，当市场经历洗牌、格局基本奠定后，通过涨价等方式尽快"收割变现"成为资本的普遍选择。《北京青年报》援引业内人士观点称，在失去了资本支持后，共享单车如果不盈利就很难生存。

镁光灯下的共享经济，当然少不了政府监管和舆论监督。2019年7月，上海开启第一轮网约平台执法检查，9月3日上午10时25分，滴滴出行上海分公司就领到了第100张罚单，罚款累计1000万元。滴滴顺风车时隔450天后业务重启时，却又一次陷入舆论旋涡。试运营方案将首先提供早上5时到晚上11时（女性早5时到晚上8时）的顺风车服务，引发"限制女性出行""性别歧视"等声讨不断。共享单车监管方面，2019年厦门、宁波、东莞等地陆续发布指导意见，出台总量控制、信用挂钩、技术手段等管理措施，并开展针对违反停放秩序等乱象的专项治理行动。《中国改革报》等媒体肯定，相关监管政策、标准规范的陆续出台以及企业自我管理的不断加强，将助力共享经济逐步走向规范。艾媒咨询也表示，随着政策的逐步规范，公众认知不断提升，共享经济行业将继续保持快速有序的发展态势。预计到2020年，中国互联网共享经济市场规模将超过九万亿。

在一些互联网行业努力突破发展瓶颈的同时，"平台经济"①这一新业态随着政府的大力支持和市场的巨大需求站上"风口"。2019年最热的平台经济现象非直播带货莫属。这一年，"口红一哥"李佳琦、"带货一姐"薇娅等网红横空出世，经他们直播的商品频频成为热销爆款。在2019年天猫"双11"淘宝直播间里，李佳琦1秒卖掉55台车，创下了直播间里卖车的最高纪录。有意思的是，直播带货并不局限于带货网红。在天猫"双11"直播盛宴中，不乏

---

① 平台经济，即利用互联网、物联网、大数据等现代信息技术，围绕集聚资源、便利交易、提升效率，构建平台产业生态，推动商品生产、流通及配套服务高效融合、创新发展的新型经济形态。

宝洁、雅萌等全球各大品牌的总裁和高管，还有上千家4S店的2000多名导购。直播带货在给消费者带来全新体验的同时，也让相关企业看到了巨大的新商机。天猫数据显示，超过50%的品牌商家抓住直播风口，"双11"全天淘宝直播带动成交近200亿元，其中亿元直播间超过10个，千万元直播间超过100个。

直播带货火爆之余，也有"翻车"之时。在10月的一次直播中，李佳琦推荐的不粘锅出现鸡蛋粘锅的尴尬一幕，事件迅速登上微博热搜引发网民热议。不久，又有网友曝光李佳琦9月直播推荐的阳澄湖大闸蟹实为"洗澡蟹"，即蟹商将外地螃蟹贩运至阳澄湖进行浸泡，再冒充阳澄湖大闸蟹。一时间，直播带货的质量问题被推至风口浪尖。《潇湘晨报》《新民晚报》等媒体纷纷发出"网红直播带货'翻车'后，谁来负责"的拷问。

事实上，国务院办公厅已于8月印发《关于促进平台经济规范健康发展的指导意见》，提出"在严守安全底线的前提下为新业态发展留足空间。"《光明日报》等媒体纷纷表示，将包容审慎和依法监管相结合，能够有效保护平台经济从业人员权益、扫除平台经济制度障碍，必将引发新一轮的"平台经济热潮"。

"区块链"称得上是2019年舆论场另一个新鲜火热的关键词。6月4日，区块链去中心化应用操作系统波场创始人孙宇晨宣布以456万美元天价成功竞拍巴菲特午餐，点燃了舆论对区块链的热情。高调的孙宇晨还"邀请美总统特朗普参加巴菲特午餐""怼王思聪""怼搜狗CEO王小川""拿1000万支持小鹏汽车消费者维权"。舆论质疑孙宇晨惯于蹭热点，利用巴菲特午餐等名人效应进行炒作，还有人质疑其利用虚拟货币"洗钱"。虚拟货币也因此多与"套路深"等评论联系在一起。

在舆论的质疑声浪中，中共中央政治局10月就区块链技术进行集体学习，令区块链瞬时成为"最强风口"。市场反应剧烈：10月28日，A股市场区块链概念股开盘百股涨停；比特币也从7000多美元一度突破1万美元关口。"区块链前景要看好，虚拟货币要严管"，全链通有限公司总裁路成业的这句话被媒体广泛转载。

11月，多地密集展开监管操作。其中，内蒙古11日发布关于对虚拟货币"挖矿"企业清理整顿情况联合检查的通知；北京13日发文明确如有外埠交易场所（重点为金融资产交易所）分支机构在京开展经营活动，属于违规经营行为；上海14日印发关于开展虚拟货币交易场所排摸整治的通知；深圳21日发布关于防范"虚拟货币"非法活动的风险提示，并开展虚拟货币交易场所排查整治。《21世纪经济报道》梳理发现，"挖矿"、交易所、"空气币"均未逃过区块链监管的视线，币圈的第二轮清洗已成定局。

治理引发业内人士纷纷叫好："打着区块链幌子的虚拟币早就该整顿了""链圈笑了，迎来真正技术入场时刻"。中钞区块链技术研究院院长张一锋称，区块链技术的发展与应用归根结底还是要回归到对现实经济活动的支持中去。杭州区块链公司数秦科技创始人高航认为，对币圈的整顿反而会迎来真正的发展红利。

第二节　高新技术产业：快马驰骋

2019年第一季度经济数据公布后，赢得了"开局稳"的高度评价。其中有两项指标格外亮眼——"工业高技术产业增加值同比增长7.8%""高技术制造业投资同比增长11.4%"。央视财经等媒体点赞称，"高新技术产业增长明显，经济转型渐入佳境"。

综合媒体报道发现，我国高新技术产业已形成规模化市场，具有极大的产出价值，为我国经济增长带来了新的动力。

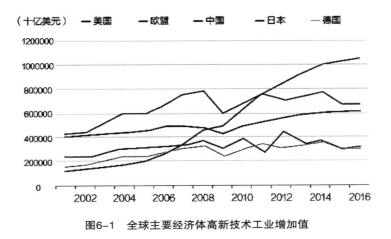

图6-1　全球主要经济体高新技术工业增加值

数据来源：兴业研究

首先，高新技术制造业产业增加值、投资增长及利润增速高于总体水平。国家统计局数据显示，2019年全国规模以上工业增加值比上年增长5.7%，制造业增长6.0%，夯实了经济的"基本盘"。其中，高技术制造业和战略性新兴产业增加值分别比上年增长8.8%和8.4%，增速分别比规模以上工业快3.1和2.7个百分点。高技术产业投资也保持较快增长，2019年高技术产业投资比上年增长17.3%，快于全部投资11.9个百分点。同时，2019年前三季度，工业战略性新兴产业、高技术制造业的利润增速分别为4.6%和6.3%，好于制造业总体-3.9%的增速水平。万博新经济研究院副院长刘哲等专家认为，高技术制造业、战略性新兴产业以及现代服务业等新动能占比越来越高，传统旧动能稳步退出或转型，经济结构不断优化，经济增长的质量和韧性同步提升，发展质量优化以及转型成果凸显[①]。长江证券研究所等机构认为，新兴产业、高技术制造业是带领中国跨越"中等收入陷阱"、实现经济转型的必由之路；在

---

① 6.1%领跑全球经济增长 中国经济年报凸显里程碑式新跨越.《经济参考报》http://caijing.china-daily.com.cn/a/202001/20/WS5e24e874a3107bb6b579ae24.html.

政策的推动下，经济转型有望加速①。

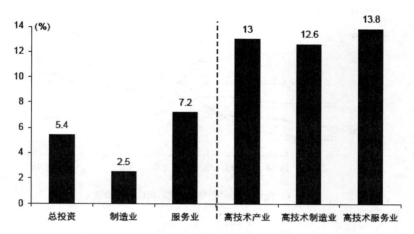

图6-2　2019年前三季度固定资产投资完成额累计同比增速

数据来源：国家统计局、长江证券研究所

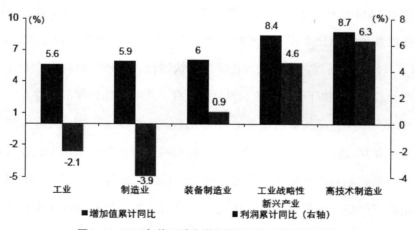

图6-3　2019年前三季度增加值和利润累计同比增速

数据来源：国家统计局、长江证券研究所

---

① 长江证券：高技术制造业同比增长高达8.7%.新财富网http://www.xcf.cn/article/9cd9caab052211e-abf3cd4c9efcfdeca.html.

其次，我国高新技术研发投入和研发实力不断提升，为高新科技发展筑牢基础。世界知识产权组织发布的2019年全球创新指数报告显示，中高等收入经济体研发投入在持续增长，尤其是中国。在全口径的研究与试验发展经费投入方面，中国以4520亿美元超过日本（1660亿美元）和德国（1190亿美元），仅次于美国位列第二。早在2017年，中国、日本、韩国和印度就贡献了将近40%的全球研发支出，而这一比例在1996年是22%。其中，中国的占比从1996年的2.6%上升到了24%。在科技集群方面，排名前100位的科技集群中，中国有18个，仅次于美国（26个）①。

第三，我国科技人才体系建设呈现新面貌，为高新技术产业发展积蓄源源不断的动能。我国对于前沿科学的重视与日俱增，涌现出不少民间、企业组织的科学大奖，激励科技人才，让"高冷"的科学和科学家变得"火热"。在11月2日由腾讯举办的首届"科学探索奖"颁奖典礼上，来自全国11个省市的26个科研单位、高校和企业共计50人获奖，35岁及以下获奖人有9位，占比近20%。在11月17日由民间科学公益组织未来论坛举办的未来科学大奖颁奖礼上，中科院高能物理所所长、中国科学院院士王贻芳和美国加州大学伯克利分校物理系教授陆锦标，因其在实验中发现第三种中微子振荡模式获得"物质科学奖"。这些企业、民间组织的奖项充分鼓励和支持基础科学研究，真正推动获奖者自由无羁从事基础科研。媒体纷纷点赞"科学探索奖让科学家'飞起来'"；科学家们寄语未来科学奖"放眼未来"。

第四，国内高新企业涌现，民营企业勇担主角。《财富》杂志发布的2019年世界500强企业榜单显示，中国上榜企业（129家）首次超过美国（121家），包括15家科技类企业和4家互联网企业。恒大研究院发布的《中国独角兽报

---

① 我国研发投入全球第二，18个科技集群进入全球百强.第一财经https://baijiahao.baidu.com/s?id=1640664648728325211&wfr=spider&for=pc.

告：2019》显示，全球新生独角兽中高新科技企业增多，共计28家，中国企业紧随美国之后达8家。值得注意的是，民营力量是我国技术创新体系的重要组成部分。在9月3日举办的中国民营科技促进会高新技术企业分会成立大会暨第一届第一次会员大会现场获悉，我国3000多万家企业中，高新技术企业已达18.1万家，其中民营企业占比高达83%，成为支撑科技创新的强大经济体和创新主力军。胡润研究院发布的《2019胡润中国500强民营企业》榜单显示，涵盖新兴产业的公司达238家，占比47%，接近一半。

然而，高端设备与关键零部件依赖进口的现实令人警醒。南京大学长江产业经济研究院、光明智库和光明网联合发布《2019中国进口发展报告》指出，中国高新技术产品进口快速增长，从2001年的736亿美元到2017年的6219亿美元，累计增长了7.5倍，年均增长率为13.38%。截至2018年，我国高新技术产品进口累计总额为6714.81亿美元。南京大学长江产业经济研究院等机构认为，我国关键领域核心技术"卡脖子"问题正日益凸显，一旦遭遇外国"断供"或制裁，众多高科技产业将面临重大创伤。光明网等媒体则担忧，企业过度依赖高技术产品进口，将逐渐丧失自主研发创新的动力。

高新技术产业"一日千里"的飞速发展更对当前监管带来挑战。

2019年6月13日，科创板在经过半年左右的筹备后正式开板，首批科创板公司从7月22日起在上交所上市挂牌交易。截至2019年底，科创板上市公司数量已经达到70家，合计融资超过820亿，所有个股相对发行价最高平均涨幅达188%，总成交额累计为1.33万亿，单只个股平均成交额达189.9亿[1]。科创板的建设为金融市场更好服务我国高新技术企业的发展提供重要助力。但伴随投资客参与热情升温，高杠杆配资卷土重来。媒体曝光部分配资公司积极推广

---

① 盘点2019：科创板上市公司70家 合计融资超过820亿.金融界http://openapi.jrj.com.cn/flip-board/2020/1/3/28622914.shtml.

新增的科创板配资业务，称"5万元起配，1—5倍杠杆，资金到位半个小时内配好"。由于开通科创板存在50万元资金门槛，账户出借的配资生意也暗中滋生。有推广人员称"已开通好账户，租金每月3500元；如果使用分仓配资的子账户，则每月租金2500元。"还有部分配资公司在其网站公开推广科创板交易虚拟盘，并称只要在其官网注册，即可购买科创板股票，无须任何门槛①。

技术引发的伦理问题也成为当前监管重点。8月30日，国内一款名为"ZAO"的人工智能换脸手机应用突然爆红。通过人工智能技术，用户只要上传一张自己的正脸照，就能将电影片段中演员的脸换成自己的脸，从而在熟悉的影视作品中与明星偶像同台"飙戏"，并可以将制作完成的视频分享到微博、微信朋友圈等社交平台。一时间，各类"换脸"视频刷屏社交平台。仅两天时间，"ZAO"已经跃居苹果商店免费榜第一。一夜爆红之后，"ZAO"迅速引来了公众的质疑与担忧。媒体网民指出，根据"ZAO"的默认用户协议，用户的面部识别特征等个人隐私信息能够被"ZAO"保存、修改与再利用。同时，有人开始将该算法用于合成色情影片，并发布到网络上。舆论开始担忧换脸技术是否会成为网络骚扰的新利器②。

赚眼球的假科技再次登场。5月23日，《南阳日报》刊发《水氢发动机在南阳下线，市委书记点赞！》一文称，青年汽车集团"车载水可以实时制取氢气……加水即可行驶"。"水制氢"事件引发多方关注，舆论质疑青年汽车集团创始人庞青年以"水制氢"为噱头"骗取政府补贴"。庞青年也被媒体纷纷曝光其"列入失信名单20余次""在济南以汽车项目狂吸5.3亿补贴"等。5个月后，青年汽车集团旗下金华青年汽车制造有限公司仍然获得了1.18亿元

---

① 配资公司再推10倍杠杆 2500元即可借到科创板账户？《上海证券报》http://finance.sina.com.cn/stock/kechuangban/2019-09-04/doc-iicezzrq3488590.shtml.

② "ZAO"的狂欢与争议：人类即将被科技淹没吗？界面https://www.jiemian.com/article/3484719.html.

的新能源补贴。据工信部官网10月11日发布的《关于2017年度新能源汽车推广应用补助资金清算审核情况的公示》及相关附件显示，金华青年汽车制造有限公司申报的2017年新能源汽车推广数为共计549辆，均获得专家组的核定通过①。相关消息再次引发舆论质疑，媒体纷纷发出拷问"被法院列为失信被执行企业缘何可获补贴？""补贴审核程序是否存在重大漏洞？"

纵观我国高新技术产业发展进程，在高速运行中机遇与挑战并存：一方面，在政策保驾护航之下，企业加大研发投入，将技术创新应用与实体经济深度融合，扩大产业发展空间。另一方面，高新技术产业的特有发展规律，也对监管提出了更高的要求。驾驭好高新技术产业这匹快马，将为新经济的发展注入强劲增长动力。

第三节　创业创新：砥砺前行

国务院总理李克强在政府工作报告中指出，"进一步把大众创业万众创新引向深入"，吹响了2019年双创新号角。6月5日，国务院常务会议确定把"双创"引向深入的措施，从深化"放管服"、支持科技创新、打造"双创"平台、降低金融成本等多个方面打出"组合拳"。6月19日，国家税务总局发布新版《"大众创业 万众创新"税收优惠政策指引》，归集了截至2019年6月份我国针对创新创业主要环节和关键领域陆续推出的89项税收优惠政策措施，覆盖企业从初创到发展的整个生命周期。在2019全国大众创业万众创新活动周上，1.13万人参加了各类论坛和互动活动。媒体纷纷点赞活动"同力协契、筑梦未来"，称"双创周"永不落幕、"创"响中国。

---

① 最新一期新能源汽车补贴公示：核定220亿元 庞青年旗下青年汽车获补贴超1亿.中国经营网 http://news.sina.com.cn/o/2019-10-12/doc-iicezzrr1817226.shtml.

在中央及地方政策的协同支持下，双创领域频传佳音。第一，创业主体稳步增长，独角兽企业全球占比高。国家市场监督管理总局数据显示，2019年前10月，我国日均新设企业为1.97万户，加上个体工商户、农民专业合作社，日均新设市场主体为6.42万户。截至10月底，全国实有市场主体超过1.2亿户。据新华社报道，社会资本加速下乡正成为促进农村创业、乡村振兴的重要力量。据农业农村部统计，2019年全国返乡入乡创业创新人员已达850万人，在乡创业创新人员达3100万人。与此同时，在2019年淘宝上诞生了2000多家成交过千万的新淘品牌，淘宝上新开店商家的平均年龄始终保持在26岁，即"90后"人群，新一代年轻人在淘宝创业、快速成长。据全球知名的创投数据公司CB Insights数据显示，截至2019年11月初，全球独角兽企业共有414家，其中中国企业101家，占总数的24.4%；具有典型共享经济属性的中国企业37家，占中国独角兽企业总数的36.6%[①]。

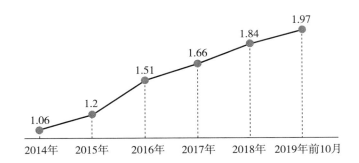

图6-4　2014年—2019年（前10月）日均新设企业数

（单位：万户）

数据来源：国家市场监督管理总局

---

① 双11销售火爆"三新"经济成为就业与消费的重要驱动力.中国日报网http://baijiahao.baidu.com/s?id=1650080162581867564&wfr=spider&for=pc.

第二，双创热潮涌动，中西部经济借势崛起。2019创交会期间，中国（深圳）综合开发研究院编制的第3期"中国'双创'金融指数"发布，其中成都增速连续两年增长排名第1，并在此次排名中一举超过杭州，紧随北上广深之后位列第5，领跑中西部地区。中国的数字经济基础设施建设不断完善，以移动支付为代表的数字金融快速发展和普及。日益便捷道路交通及快递网络正在推动中西部地区更好地共享经济发展机遇。很多中西部地区和偏远地区农村也有了创业的机会，在各种电商平台上做生意，向沿海等东部地区提供商品和服务。从2014到2018年的五年间，"胡焕庸线"[①]两侧城市物流差距明显缩小，从订单支付到包裹签收的时长来看，东西部差距缩小了9.25%[②]。

第三，创新质量显著提升，中国跻身世界创新国家前列。7月24日，世界知识产权组织发布2019年《全球创新指数报告》显示，中国创新指数已从2017年的第22位升至2019年的第14位，进步显著；专利申请占全球总量的44%（1997年仅为2%），且创新质量连续七年在34个中等偏上经济体中位居榜首。法国《欧洲时报》以《创新渐成中国经济转型"硬核"》为题评论称，中国经济肌体里的"高质量基因"正在旺盛生长，其间蕴蓄的创新"硬核"正驱动中国经济社会蜕变。

双创取得喜人成绩的背后是创业条件、营商环境的持续优化。全球创业观察（GEM）1月发布"2018/2019国家创业环境指数（NECI）"，从12个维度评估了54个经济体的创业环境，中国在该指数排名第11位。世界银行10月发布的《全球营商环境报告2020》显示，我国营商环境排名第31位，较上一年提升15位。同时，我国仍在陆续出台及落实相关措施，持续优化营商环境。

---

① 1935年，著名地理经济学家胡焕庸教授提出"胡焕庸线"：线以东地区，约四成国土面积，养育了超94%的人口；以西地区，近六成面积人口仅占5.61%。

② 数字经济正在帮助中国跨越东西部差距"胡焕庸线"？企鹅号"国是直通车"https://new.qq.com/omn/20190920/20190920A0QU6L00.html.

2020年1月1日起，我国将实施《优化营商环境条例》，加快打造市场化、法治化、国际化的营商环境，更大力度为各类市场主体投资兴业破堵点、解难题。

2019年，部分双创支持政策在落地过程中"跑偏"，引发争议。安徽《经视1时间》曝光合肥市经开区"孵化器"项目"变了味"。本是一个规划用于培育高科技企业的"孵化器"项目，不仅没有高科技公司，反而入驻了私房菜、幼儿园、民宿等商业经营主体。《每日经济新闻》报道的某市级高新园区内，并没有多少初创科技企业，部分商贸企业和轻工业制造商"鱼目混珠"，园区实际上变成了物业公司。宣扬"喝风辟谷能治病"的西安喝风辟谷国学文化传播有限责任公司竟获得2019年第二季度政府补贴"双创券"，更是令人大跌眼镜。这些事件引发舆论质疑双创项目审核管理"粗枝大叶"，违背初衷。

2019年的双创，也伴随着资本寒冬、"创时代"落幕等舆论担忧。烯牛数据显示，2019年前三季度，国内创投市场共计披露6885起投融资事件，其中第三季度披露融资事件2252起，环比减少8.72%，同比减少8.12%。从披露的融资金额来看，2019年前三季度，国内创投市场共计融资11978亿元，其中第三季度披露融资金额3938亿元，环比减少14.16%，同比减少47.75%[1]。据亿欧智库发布的《2019H1全球创投报告》显示，2019年上半年全球1亿美元以上总融资数量292起，同比增长26.4%；其中美国、中国、印度分别为148、55及21起。对比2018年同期，美国大幅增长23.3%，而中国下降了43.3%[2]。日经中文网以中国大型调查企业大智慧的数据为基础，对2019年1月—9月中国初创企业的融资额进行统计后发现，融资额与2018年同期相比下降了46%。

---

[1] 烯牛数据2019年前三季度国内创投市场投融资报告：总计6885笔，共计11978亿元.搜狐自媒体"烯牛insights" http://www.sohu.com/a/345972385_673344.

[2] 2019年上半年全球创投市场概述与发展趋势分析 投融资市场趋于理性，市场更倾向小额投资.前瞻经济学人网https://www.qianzhan.com/analyst/detail/220/190827-5731a354.html.

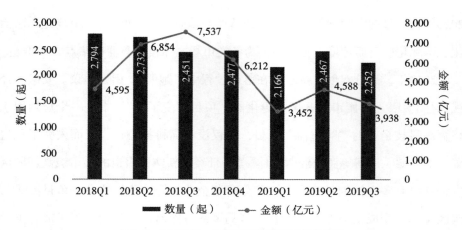

图6-5 2018Q1—2019Q3创投市场融资情况

数据来源：烯牛数据

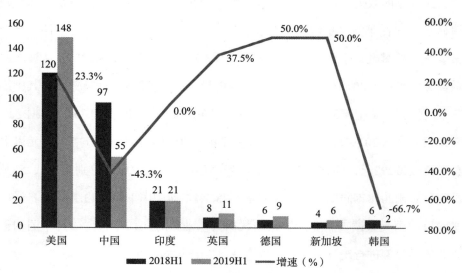

图6-6 2018年—2019年多国1亿美元以上融资情况

（单位：起，%）

数据来源：前瞻产业研究院，亿欧智库报告

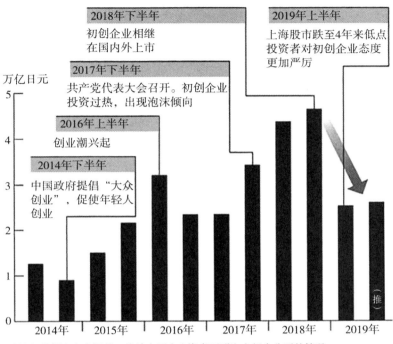

图6-7　2014年—2019年中国初创企业融资情况

数据来源：大智慧，日经中文网

　　10月16日，经纬中国创始管理合伙人张颖在新浪微博上吐槽投融资环境不佳，立刻获得大量响应，创业者纷纷反映面临融资难。《"资本寒冬"究竟多可怕？》《创投寒冬2019：这一年创业公司太难了》等报道标题也在网上刷屏。日经中文网等外媒则渲染悲观情绪称，受到中国经济增速放缓及2019年上半年上市的新兴企业股价低迷等因素影响，中国初创企业盛宴近尾声[①]。

---

① 中国初创企业盛宴过后面临淘汰潮？日经中文网https://cn.nikkei.com/china/ccompany/37842-2019-10-30-05-00-00.html?start=2.

创业艰难仿佛已成为共识。然而,《2019年为什么我非要坚持创业？》《2019年是创业的最好时机》等文章依然赢得大量阅读和点赞,网上依然常见创业者的似火热情。"进一步把大众创业万众创新引向深入",中央政府已经作出郑重承诺；搭平台、给政策、优服务,各地各部门也积极引来源头活水,滋养双创沃土。未来,双创引擎必将更加强劲,为经济发展输送源源不断的新动力。

社会篇

第七章　就业：不是多岐渐平稳

2019年，就业形势严峻复杂。在就业市场上，高校毕业生、新生代农民工等新增就业群体找工作普遍"喊难"；在职人员遭遇"裁员潮"、"加班风"，为"保饭碗"如履薄冰。对此，中央和地方政府实施就业优先战略，密集出台稳就业政策举措，确保我国就业形势保持总体稳定。人力资源和社会保障部发布的年终就业数据显示，2019年全年城镇新增就业1352万人，连续7年超过1300万人。其中，"双创"带动就业、新职业大量涌现等就业新风尚格外引人瞩目。舆论感叹就业成绩来之不易，盛赞党和国家的系列就业方针政策成效显著，坚信我国就业市场潜力巨大、韧性十足、未来可期。

第一节　就业市场：左支右绌思不易

2019年，围绕高校毕业生、新生代农民工等群体的就业话题热度持续高热，彰显就业增量带来巨大压力。另一方面，裁员消息贯穿全年，职场不满情绪集中爆发，反映出稳就业存量亦面临诸多挑战。

增量："就业难"或"择业难"

2018年底，中国社会科学院发布《社会蓝皮书》，依据专业统计数据将高校应届毕业生、新生代农民工列为2019年稳就业重点关注的群体。

教育部数据显示，2019年高校应届毕业生达834万人，较2018年增加14万人，创下历史新高。"最难就业季"成为大学生就业话题中的常用语。"年年都被称为最难就业季，现实情况是一年更比一年难。"焦虑情绪在众多自媒体文章中传播。一份来自中青网的问卷调查结果显示，被调查的381所大学的近9成大学生对就业前景感到担忧，超5成学生毕业后选择考研。

实际情况究竟如何，引发各界高度关注。智联招聘根据春季招聘的在线招聘大数据，结合88150名应届生的调研数据制作的2019年大学生求职指南显示，2019年大学生就业需求大于供给。2019年，大学生就业景气度指数（CIER指数）为1.41，尽管较2018年的1.54有走低趋势，但整体就业选择依然相对宽松。大学生一站式求职平台梧桐果的房地产行业招聘数据显示，就招聘企业量来看，2019年春招较2018年秋招企业数量下降43.7%；但从人才需求量来看，2019年春招较2018年秋招上涨78.5%。

《经济观察报》一针见血地指出，青年群体的就业难更多地体现在"质"上，而非"量"上。所谓"就业难"是伪命题，更准确的叫法应当是"择业难"。或者正如应聘者所说的，"现在找工作好找，但是找到好工作不容易。"北京大学教育学院教授岳昌君也表示，大学毕业生的就业率整体稳定，但供需双方不匹配造成就业满意度不高。

网上有关工人招聘难的报道也在佐证"就业难"其实是"人岗不匹配"的结构性矛盾。微信公众号"吴晓波频道"刊文称，2019年春节过后，制造业"招工荒"比以往更令人瞩目。富士康网络招聘负责人表示，"工人对半减少。"《中国青年报》称，有浙江企业主表示，2019年招工面临"颗粒无收"的局面。技术岗位空缺的情况正随着新生代农民工"逃离工厂"而变得越来越严重[①]。外卖、快递等生活服务业正吸引越来越多的新生代农民工加入。《工人日报》指出，新生代农民工择业观变了，更强调自我价值、重视生活品质。

在新择业观的影响下，越来越多的大学生选择"慢就业"。梧桐果统计发现，2019届毕业生"慢就业"现象凸显，在秋招中工作签约率不足1/3。大量毕业生选择考研、考公务员。教育部数据显示，2020年硕士研究生考试全国考生规模达到341万人，较2019年增加50余万人，增幅超过17%，再创历史新高。国家公务员局数据显示，2020国考报名143.7万人最终过审，报名连续12年破百万，部分职位过审人数和招考人数之比超过1000：1。11月公布的2019年胡润教育企业家榜上，中公教育创始人鲁忠芳李永新母子登上榜首，一度引发热议，从侧面印证了"公考"热度高涨。

新择业观引发不少担忧，媒体专家纷纷呼吁加强引导和帮扶。《中国信息报》称，被动选择"慢就业"将演变成"懒就业"，到最后"宅"在家里一味"啃老"。新华网指出，招生就业指导服务中心和高校要帮助"慢就业"的大学生合理定位，做好职业规划。《中国青年报》指出，大量新生代农民工"逃离工厂"将掣肘制造业转型升级。"当下正是我国制造业转型升级的关键时期，工厂劳动力短缺，谈何转型与升级？"《长江日报》认为，指责年轻人择业的观念、职业选择是没用的，"如果工人收入高起来、受人尊重，蓝领职业就会重新成为香饽饽"。

存量："裁员潮"、"加班风"

在青年群体为"找工作"头疼之际，很多职场人的日子过得也并不顺心。媒体对各行业进行年终盘点时，纷纷将"裁员"列为关键词。澎湃新闻网发

---

① 宁送外卖不去工厂 年轻人"抛弃"的究竟是什么.《中国青年报》. http://zqb.cyol.com/html/2019-02/26/nw.D110000zgqnb_20190226_1-02.htm.

布《2019年度互联网关键词：裁员！》，新浪财经发布《银行裁员"鬼故事"：2019上半年国有6大行减员3.5万人》，腾讯网发布《裁员降薪、破产、房屋质量……2019年地产"十大热词"出炉》，易车网发布《2019年全球车企裁员10万+，"电动化"背了"裁员潮"的锅，到底冤不冤？》……

从年初到年末，"裁员""优化""末位淘汰"等字眼屡见报端，有关企业"裁员"的爆料在职业社交平台脉脉上不断涌现。这些消息迅速在网上扩散传播，传递出职场人士对行业"凛冬将至"的担忧。

——互联网行业裁员风潮从2018年一直刮到了2019年。知乎话题"如何解释2018年底的互联网公司裁员和缩招现象？"获得65万余次浏览，网民的回复多对2019年表示了担忧。果不其然，春节刚过，"京东高管末位优化10%""滴滴裁员15%""网易严选裁员30%—40%"三大互联网头部企业的裁员消息接连被爆出。5月，《财经》爆料全球第二大软件企业甲骨文将裁撤中国区研发中心，涉及约1600人。8月，新浪微博网民"RR笑看风云"爆料称美国网络设备制造商思科在上海的一个部门被裁。甲骨文、思科两大美国科技巨头相继在华裁员，也让网民感受到"全球科技同此凉热"。"全天候科技"网站称之为"外企程序员的'黑暗时刻'"。

"科大讯飞优化30%的正式员工""美团裁员千人""腾讯管理干部裁撤""新浪阅读业务线裁员90%""Keep裁员10%—15%""ofo裁员潮50%""知乎裁员20%""马蜂窝裁员40%"……网上不断传出知名企业裁员的消息。百度百家号"第1财富"总结道，一开始，各个公司都不承认，而裁员动作最后均"实锤"落地。《时代周报》甚至悲观地认为，互联网风口在2019年骤然消失。无论是"大厂"，还是初创企业，也不管是哪一个细分领域，甚至无论中外，都没有得以幸免。

——金融行业是2019年裁员的另一个"重灾区"。智联招聘《2019年春季跳槽报告》显示，裁员现象反映多的两大行业，一个是互联网，另一个就是金融业。3月28日，广东东莞市公安局的一纸通报，震动整个网贷行业——互联网金融头部平台团贷网"爆雷"了。而根据IT桔子的数据显示，2019年互联网金融领域有62家企业倒闭。随着监管趋严，仍然活着的企业日子也不好过，纷纷祭出"裁员大法"。"京东金融裁员20%""宜信预计裁员约25%""麦子金服高管竞相离职"等消息频频刷屏。

传统银行业的日子也不好过。英国《金融时报》中文网指出，为削减成本以应对经济放缓和适应数字技术的需求，2019年全球银行展开了四年来最大一轮裁员计划。。年底，彭博社梳理发现，全球银行裁员人数达到7.34万人，几乎全部来自欧洲。国内各财经媒体网站纷纷以"全球银行业裁员逾7万人"为题转载，将这一消息推上了百度热搜榜。一时间，国内银行业裁员的传言四起，引发诸多猜想。有媒体统计了2019年上半年国内15家上市银行（6家国有大行、9家全国性股份行）的在职员工情况。数据显示，除两家银行外，其余13家银行全部减员，减员数达到4.24万人，其中国有六大行减员3.5万人。很快，微信公众号"吴晓波频道"刊文澄清，减员人数如此大，更重要的原因可能是国有大行的员工该退休了。虽是一场误会，却也折射出银行业明日黄花的处境。

——汽车行业在2019年也遭遇了裁员"黑暗时刻"。"车企涌动'降薪裁员潮'""汽车行业有多'惨'或许你想不到""裁员！2019年车市关键词"等标题频现汽车产业自媒体的报端。新车评网称，2019年，福特、通用、日产、奥迪等几大主流跨国车企公开的裁员计划，涉及人数已经超过十万人。这背后是向电动化及数字化转型的巨大成本压力，以及行业寒冬下利润缩减的无力感。除了传统车企，以蔚来为代表的造车新势力也在2019年大幅裁员。此外，人人车、瓜子二手车等二手车企业也纷纷被曝"裁员""关店"，一度辉煌的二手车市场被媒体慨叹"年关难过"。

——房地产业在2019年也因财务压力不得不"勒紧裤腰带过日子"，进而波及到员工的生存境况。《时代财经》总结的2019年房地产十大关键词中，"破产""爆雷""减员"纷纷上榜。人民法院公告网显示，2019年1月至10月底，约408家房地产公司被裁定实施破产清算。和其他行业一样，"过冬"的不只有中小房地产企业，还有房地产明星企业。"万科降薪40%裁员近600人""碧桂园优化1.5万人""山水文园裁员90%"等消息在网上相继发酵。

如果说各大行业的裁员已经极大地冲击了人们对就业市场的认知，层出不穷的花式裁员套路更是让观者大跌眼镜。"便利蜂要求员工参加逻辑和数学考试，不及格者被开除""科大讯飞一员工因提前4秒就餐被优化""微信电商生态公司'有赞'宣布延长工作时间，过长的工作时数被指'变相裁员'"……裁员套路引发高度关注，有网民甚至据此编撰了"裁员大法"——"小白版，不服去告；初级版，善用绩效；进阶版，巧用法律；高级版，知识武装；至尊版，立地成佛"。年末，两起知名企业的裁员事件更将这一话题的舆情热度推上了高峰。

11月23日，一名自称在网易游戏工作了5年的老员工通过个人公众号发文，痛陈在被确诊为扩张型心肌病后，遭到网易"逼迫、算计、监视、陷害、威胁，甚至被保安赶出公司"。消息迅速在微信朋友圈、微博等社交平台传播。网民纷纷谴责网易"无情""暴力"。尽管随后网易发出了道歉信，但并未获得原谅，反而因为道歉信中强调了该名员工"绩效确实不合格"再次激怒了广大网民。百度百家号"至简财经"称，与其说这是道歉信，不如说是份"解释其行为合理性"的声明。微信公众号"行走黑暗间"等自媒体怒斥一封道歉信让"大公司的傲慢"暴露得淋漓尽致。

一波未平，一波又起。11月28日，有自媒体曝光了一份《刑事赔偿决定书》，揭开了华为前员工李洪元被羁押251天的离职事件。2018年1月，李洪元从华为离职，获得33万元离职补偿；2018年12月，因涉嫌敲诈勒索罪被深圳公安局拘留251天；2019年8月23日，因"证据不足"被无罪释放。消息曝光后，引出海啸般的负面舆情。舆论纷纷谴责华为"冷血""霸道"。华为回应并未致歉，表示有权利、也有义务基于事实对于涉嫌违法的行为向司法机关举报。这一回应在网上引发轩然大波。不少网民留言称，心目中的民族企业形象"崩塌"了。澎湃新闻发文批评，拒不道歉的华为没有同理心。

加班，是职场人一贯的吐槽话题。但在2019年，这一话题催生出"996工作制"这一流行词汇。3月26日，有网民在知名代码托管平台GitHub上发起了名为"996.ICU"（意为"工作996，生病ICU"）的项目，呼吁抵制互联网公司"996工作制"。20余万人在GitHub上支持该项目。还有网民调侃称，自己的工作状态远超"996"，堪比"007（从0点到0点，一周七天不休息）"。《法制日报》发文称，据不完全统计，约有84家互联网公司实行"996工作制"。

面对汹汹舆情，互联网企业大佬并未屈服。马云说，"996是一种巨大的福气。"刘强东说，"混日子的人不是我的兄弟！"网民感叹，互联网大佬对"996工作制"的背书反映出"企业管理者的傲慢"[①]。有观点认为，强制加班不过是企业"变相裁员"的一种手段而已。和讯网指出，京东、58同城等企业都曾强制执行"996工作制"，直接导致了一部分无法忍受的人主动离职。

职场的不确定性让越来越多在职人员开始钦羡"旱涝保收、有安全感"的公务员岗位。在暴力裁员事件相关报道的留言区，不少网民感慨"后悔当年没有去考公务员"。

第二节　就业政策：秉轴持钧稳大局

就业是最大的民生。2019年以来，中央和地方政府深入实施就业优先战

---

① 人民日报评论：崇尚奋斗，不等于强制996.《人民日报》.https://baijiahao.baidu.com/s?id=1630774179249 573422&wfr=spider&for=pc.

略，将稳就业放在突出位置，针对不断增加的总量压力和突出的结构性矛盾，出台了一系列就业利好政策，实现了就业稳、民心安。

2019年，顶层设计不断完善，引领就业工作持续开拓创新。《政府工作报告》提出了就业优先政策，首次把就业优先政策置于宏观政策层面，与财政政策、货币政策并列。这一制度设计被媒体竞相报道，引发如潮好评。舆论称赞，就业优先政策体现了宏观政策的民生导向。5月，"横跨"20多个部委的国务院就业工作领导小组成立，已有14年历史的国务院就业工作部际联席会议撤销。中国新闻网评论称，此举标志着"稳就业"政策将全面发力。

重点群体稳，就业大局就稳。2019年，国务院总理李克强就做好重点群体就业工作多次亲自作出部署。5月13日，全国就业创业工作暨普通高等学校毕业生就业创业工作电视电话会议召开，李志强总理作出重要批示称，要精准施策抓好高校毕业生、退役军人、农民工等重点群体就业创业，加大对就业困难人员的就业帮扶。7月31日，李志强总理主持召开国务院常务会议时指出，要对高校毕业生、退役军人等重点群体推出更有针对性的就业服务和扶持政策。8月19日，李志强总理在黑龙江哈尔滨市主持召开部分省份稳就业工作座谈会，研究部署进一步稳就业政策措施时再次强调，要突出抓好高校毕业生、退役军人、农民工等重点群体就业。10月14日，李志强总理在部分省政府主要负责人经济形势座谈会上专门强调，要统筹做好高校毕业生、退役军人、转岗分流职工、城镇就业困难人员等群体就业工作。新华社评论称，"治国之道，富民为始。"做好重点群体就业，让大多数人端稳了"饭碗"，让百姓安了心，也让中国有了信心。

针对高校毕业生，7月，人力资源社会保障部等部门联合印发《关于做好当前形势下高校毕业生就业创业工作的通知》，深入实施高校毕业生就业创业促进计划和基层成长计划。进入下半年，密集的就业招聘活动相继启动。人社部第七届大中城市联合招聘高校毕业生秋季专场活动于9月份启动，为期两个月，举办了不少于800场现场招聘会。教育部等七部门10月份联合发布《关于教育支持社会服务产业发展 提高紧缺人才培养培训质量的意见》。意见指出，以职业教育为重点抓手，提高教育对社会服务产业提质扩容的支撑能力，加快建立健全家政、养老、育幼等紧缺领域人才培养培训体系，加快培养适应新业态、新模式需要的复合型创新人才。此外，各地因地制宜制定高校毕业生就业创业政策大礼包。例如，北京出台简化毕业生就业手续专门文件、安徽创新以信息化手段为困难毕业生发放求职创业补贴、湖北深入开展实习实训和就业见习等等，获得舆论一致好评。

针对退役军人，2月，财政部等部门下发《关于进一步扶持自主就业退役士兵创业就业有关税收政策的通知》，支持退役士兵创业和就业。5月，教育部等六部门印发《高职扩招工作实施方案》，专门针对退役军人群体的职业教育制定了帮扶和优惠举措。云南、陕西等省多地纷纷出台退役军人就业创业优待政策，提供金融服务、创业导师等支持。此外，就业帮扶还向线上转型，"全国退役军人在线服务平台"将于2020年春天投入使用。舆论称赞，从"经济补偿"到"能力提升"，退役军人的就业创业帮扶之路完成了"授人以鱼"向"授人以渔"方式的转变。

针对农民工，1月，中共中央、国务院发布《关于坚持农业农村优先发展做好"三农"工作的若干意见》，明确提出加强就业服务和职业技能培训，促进农村劳动力多渠道转移就业和增收；扶持发展吸纳就业能力强的乡村企业，支持企业在乡村兴办生产车间、就业基地，增加农民就地就近就业岗位。2月，人社部组织实施2019年"春风行动"，全国范围内同步开展，以服务农民工就业为重点，通过主题宣传、组织专场招聘、强化政策指导服务，帮助更多农民工外出就业。各地也纷纷出台帮扶措施。河南省对参加创业培训的返乡农民工给予1500元创业培训补贴，并设立农民工返乡创业投资基金。四川省通过创业培训讲师大赛，建立了140余家各类创业孵化园和返乡下乡创业基地，引导农民工返乡下乡创业，直接带动就业32万余人。《经济参考报》调查发现，农民工返乡创业就业蔚然成风，正形成助力乡村振兴"新红利"。对于农民工工资拖欠问题，中央治理力度空前。12月4日，国务院常务会议审议通过《保障农民工工资支付条例（草案）》，用法治手段治理欠薪顽疾。2019年底，国务院根治拖欠农民工工资工作领导小组办公室在全国组织开展根治欠薪冬季攻坚行动，重拳整治恶意欠薪。

2019年，我国大力开展职业技能提升行动，为保障重点群体就业夯基础、添动力。2月，国务院印发《国家职业教育改革实施方案》，被誉为职业教育未来发展的施工图。很快，在全国两会上，李克强总理在《政府工作报告》中提出"2019年高职院校扩招100万人"，引发热议。《南方都市报》指出，高职院校扩招背后的原因，是缓解就业压力，培养高素质技能人才的期许，也是让更多年轻人享受高等教育，提升社会竞争力，进而提高国民素质的期许。中国社会科学院副院长蔡昉表示，大力开展职业技能提升行动，有利于缓解就业结构性矛盾、预防失业、促进经济社会持续健康发展。

能否完成如此大规模的扩招也引来了媒体的跟踪关注。相关政策纷至沓来。4月30日，国务院常务会议确定使用1000亿元失业保险基金结余实施职业技能提升行动。5月13日，教育部网站公布《高职扩招专项工作实施方案》。5月18日，国务院办公厅印发《职业技能提升行动方案（2019—2021年）》。10月16日，教育部等14部门联合印发了《职业院校全面开展职业培训促进就业创业行动计划》。经过8个多月的努力，年末，新华网传来喜讯——各地已顺利完成高职扩招百万任务。《中国青年报》点赞此举成就了百万"追光的人"，圆了很多农民工、新兴职业农民、下岗失业人员、退役士兵的"大学梦"。

稳就业，关键在于稳企业。一方面，政府各部门加大力度减税降费，持续为企业"减负"。2019年10次国务院常务会议聚焦减税降费工作，一系列减税降费措施陆续出台并落地。从1月1日起，新个税法实施，小微企业迎普惠性减税；从4月1日起，增值税税率下调，加速释放减税效应；从5月1日起，实施降低社保费率的政策，社保费率降至16%，再为民营、小微企业等用人单位减负；持续发放援企稳岗补贴，对不裁员、少裁员的参保企业加大失业保险稳岗返还力度。12月24日，国务院印发《关于进一步做好稳就业工作的意见》明确指出，将阶段性降低失业保险和工伤保险费率、失业保险稳岗返还及职工在岗培训补贴政策延续实施1年。全国工商联发布《2019万家民营企业评价营商环境报告》显示，54.39%的企业对减税降费总体效果满意。《经济日报》称，普惠性税收减免、降低增值税税率和社保费率，为民营企业和小微企业发展营造了良好环境，在稳住企业的同时也稳住了就业。

另一方面，政府持续推进"放管服"改革、改善营商环境，拓展企业吸纳就业的新空间。自贸区"证照分离"改革全覆盖试点，《市场准入负面清单》进一步变短，行政审批、许可事项大幅压减，企业"准入不准营""注销难"等难点痛点得到专项治理。为化解企业融资难，政府相关部门深化小微企业金融服务综合改革试点、完善商业银行贷款市场报价利率机制、推动发挥政府性融资担保作用、支持扩大知识产权质押融资等。此外，一系列促进和鼓励外商投资的举措陆续推进，《外商投资法》获全国人大表决通过，国务院发布《关于进一步做好利用外资工作的意见》，多次国务院常务会明确部署以更优营商环境进一步做好利用外资工作。国研智库首席经济学家赵晋平称，相关举措将会吸引更多跨国公司来华投资。

奋斗铸就胜利。11月中旬，国家统计局发布数据显示，2019年前10月，中国城镇新增就业1193万人，提前实现全年城镇新增就业1100万人以上的目标。10月全国城镇调查失业率为5.1%，继续保持低位。媒体援引中国劳动和社会保障科学研究院研究员张丽宾等专家的观点，称赞成绩来之不易，并判断全年就业形势也将稳定向好。

第三节　就业新风尚：哲匠百工竞熙泽

2019年，"双创"带动就业效应进一步显现。创新驱动下，数字经济持续彰显活力，刺激大量新职业萌芽壮大，为我国就业"蓄水池"扩容增量。

双创：带动就业掘潜力

2019年，我国大众创业万众创新蓬勃发展，成为稳定和扩大就业的重要支撑。国家市场监管总局数据显示，2019年全国新设市场主体2179万户，日均新设企业达到2万户，再创新高。据科技部火炬中心发布的《中国创业孵化发展报告2019》显示，截至2018年底，中国创业孵化机构总数达11808家，在孵企业和团队达62万家。国家发改委委托双创服务机构研发制作的全国双创数据显示，创业孵化机构年均吸纳就业人数高达400万人。

"双创"的带动就业效应在大学生和返乡农民工两个群体身上得到显著体现。2014年以来，大学生创业规模逐年递增，年均增长率超过9.0%。2019年12月，教育部高教司司长吴岩在教育部高等学校创新创业教育指导委员会第二次年会上介绍，我国高校毕业生创业率已超过3%，2019年大学生创业者达35万。中国人事科学研究院就业创业与政策评价研究室副主任庞诗称，大学生是最具创业活力和潜力的群体，在拓展就业的新空间、创造更高质量的就业机会等方面发挥了重要作用。

农民工返乡创业就业群体也在持续壮大。据国家发改委统计，截至2019年6月，341个试点地区返乡创业人员达到近200万，带动就业人数超过700万。预计到2019年底，全国各类返乡下乡创新创业人员将超过850万人。《21世纪经济报道》评论称，农民工返乡创业促进了人才回归，并形成了能人回归带动相关上下游产业和其他人员一起回归的"头雁效应"，对工业化、城镇化、乡村振兴、脱贫攻坚等起到有力的推动作用。

打造"双创"升级版与新经济发展密不可分。据《中华工商时报》称，在传统企业承受较大稳岗压力的情况下，新经济却成为一片"蓝海"。成都新经济发展研究院副院长张宇表示，成都新经济企业仅2019年1至10月就新增5.8万家，向社会提供了大量就业岗位。对外经贸大学公共管理学院教授李长安表示，新经济已经成为创造就业岗位"发动机"。

随着全国上下深入实施创新驱动发展战略，越来越多的城市凭借着充满活力的新经济吸引了年轻人才的到来。其中，新一线城市的虹吸效应格外引人瞩目。互联网招聘平台BOSS直聘发布的《2019应届生求职趋势报告》显示，2019年，新一线城市吸引了37.5%的应届生，超出一线城市15个百分点。在全国面向2019年应届生的岗位中，新一线城市的需求占比首次超过一线城市。①

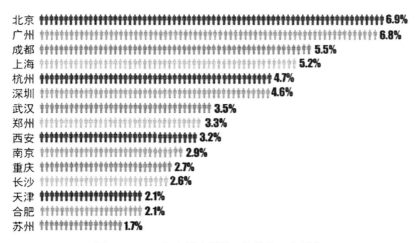

图7-1　2019年应届生期望工作的前15个城市

数据来源：BOSS直聘研究院

---

① 2019就业季，新一线城市吸引力超过一线城市.新京报.http://www.bjnews.com.cn/edu/2019/10/29/64334 0.html.

在吸引就业中"大放异彩"的并不只有城市，县域农村搭乘数字经济的快车，大幅增加了就业机会，让更多农民工能够选择在当地就近工作。据《经济参考报》等报道，伴随着加快承接东部地区产业转移并培育新的增长点，重庆、宁夏、贵州、四川等西部地区企业用工需求旺盛，农村特色产业蓬勃兴起催生的就业岗位也较多，人口回流十分明显。而且，那些有过在外务工经商经历的农民工"能人"再次返乡创业，为农业农村的发展开创了新思路、拓展了新空间。

新职业：创造岗位显活力

2019年，随着数字经济的快速发展，新产业、新业态、新模式不断涌现，滋生孕育出大量新职业。4月1日，人社部等部门正式向社会发布了人工智能工程技术人员、物联网工程技术人员等13个新职业。这是自2015年版国家职业分类大典颁布以来发布的首批新职业，引发了各界广泛关注。

媒体报道多关注这13个新职业主要集中在高新技术领域。"AI科技大本营"等自媒体欢呼，以人工智能、云计算等新技术为代表的职业得到了国家层面的认可与支持。电子竞技员入选的消息在微博上迅速成为热门话题，众多电竞玩家为"电竞得到正名"喜极而泣。

除了官方认可的新职业，宠物托管师、创客指导师、汉服造型师、收纳师等"让人脑洞大开"的新职业也逐渐被广泛接受。媒体、研究机构纷纷开始关注。美团点评、21世纪经济研究院、智联招聘联合发布《2019年生活服务业新职业人群报告》总结了近30种新职业，得到《经济日报》《光明日报》《中国青年报》《半月谈》等诸多主流媒体的转载。

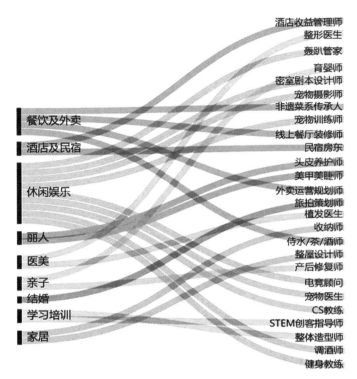

酒店收益管理师
整形医生
轰趴管家
育婴师
密室剧本设计师
宠物摄影师
非遗菜系传承人
宠物训练师
线上餐厅装修师
民宿房东
头皮养护师
美甲美睫师
外卖运营规划师
旅拍策划师
植发医生
收纳师
侍水/茶/酒师
整屋设计师
产后修复师
电竞顾问
宠物医生
CS教练
STEM创客指导师
整体造型师
调酒师
健身教练

餐饮及外卖
酒店及民宿
休闲娱乐
丽人
医美
亲子
结婚
学习培训
家居

图7-2　生活服务类平台的典型新职业

数据来源：美团点评、21世纪经济研究院、智联招聘

报告分析称，这些新职业普遍集中在生活服务业，集中在"互联网+"等平台经济领域。《经济日报》认为，新职业能够不断被创造，来自中等收入群体的扩张和需求升级，反映出近年来我国经济生活的活力和创造力，新产业、新业态、新模式不断迸发新动能。

《中国青年报》《半月谈》等媒体采访发现，从事这些新职业多为年轻人。选择为密室逃脱写剧本、给宠物摄影的年轻人往往是从爱好出发，逐步发展出了一份属于自己的事业，因而满意度一般较高。自由度高、形式灵活的特点，也恰好契合了年轻人爱自由的天性。令人欣喜的是，这些新职业的从业者凭借自身的努力，还拿到了优厚的回报。上述报告称，24.6%的新职业从业者平均月收入过万元，5.64%月薪2.5万元以上。

随着新职业在全社会的兴起，灵活就业人员越来越多，也促成了越来越多的"斜杠青年"（指拥有多重职业和身份的年轻人）和"数码游牧民族"（指在不受限的地点利用互联网办公的人群）。智联招聘发布的《2019职场人年中盘点报告》显示，2019年上半年有8.2%的人拥有"斜杠收入"，甚至有的"斜杠青年"的副业收入已超主业。在社交平台上，"斜杠青年"的"精彩人生"总是能够引来无数网民的羡慕。对于灵活就业，官方也表示"力挺"。2019年《政府工作报告》明确要求加强对灵活就业的支持。《人民日报》评论称，这是对我国就业市场发展趋势的科学回应，也是对灵活就业对我国就业贡献的充分肯定。

然而，也有舆论担忧，新职业在创造大量就业机会的同时，也给劳动力市场监管带来挑战。例如，作为发展最快的新职业的一种，近年来我国快递员规模逐年壮大。然而，4月，"京东取消18万快递员底薪""快递员从此无底薪奔跑"等消息在网上热传，引发网民担忧以快递员为代表的灵活就业人员劳动权益难得保障。此外，《半月谈》采访发现，由于社会各界对新职业的知晓度、认同度还比较低，不少新职业从业者感觉自己不入流，甚至低人一等。新职业从业人员的职业荣誉感和自信心也亟待提升。

"城镇新增就业1352万人"的年度成绩单给民众带来极大的信心。然而，内外部环境新的不确定性因素仍在增多，带来的困难和挑战仍在增加，未来的就业形势或将更加复杂严峻。2019年底出台的系列稳就业政策，再次昭示了政府稳就业的决心。12月24日，国务院印发《关于进一步做好稳就业工作的意见》，为新一年的稳就业工作定下了总基调。"全力做好稳就业工作""全力防范化解规模性失业风险""全力确保就业形势总体稳定"等表述释放进一步强化稳就业的政策信号。媒体称，其中提出的26项具体举措将"汇聚稳就业的强大合力"，"搭建起稳就业的四梁八柱"。舆论普遍期待，新的一年，更大力度实施就业优先政策，将筑牢民生底线，托起百姓"稳稳的幸福"。

第八章　教育：任重道远须策马

2019年的网络舆论场上，教育话题依然是一大主角，热点事件频发，舆情高峰此起彼伏。校园安全、教育公平、教学改革等领域的热点话题更是经年不断，或引发焦虑和担忧，或激起不满和质疑，或获得赞许和期待。教育无小事。每一起事故，每一丝风险，都会引发千万家庭的警觉；每一项政策，每一份通知，都能牵动千万家庭的心。2019年，对于教育领域的热点、焦点，党和政府高度重视，及时回应，并且稳步推动改革，努力为更高质量、高公平的教育提供解决方案，有效缓解了民众对教育问题的"集体焦虑"，赢得了舆论的普遍赞赏。

第一节　校园安全：筑牢堡垒

在2019年有关校园暴力的舆情关注度排行榜上，辽宁大连13岁男孩杀人案无疑排在前列。

2019年10月20日，辽宁大连市沙河口区的13岁男孩蔡某某，将一名10岁的小学女生骗至家中，试图性侵未遂后，将女孩残忍杀害。案件一经曝光迅速引爆舆论。10月24日，大连市公安局发布通报称，蔡某某未达到法定刑事责任年龄，将对蔡某某收容教养。该通报再次推高舆情热度。"13岁男孩杀害

10岁女孩不追究刑责"等微博话题阅读量高达11亿人次。"踩着法定年龄的点犯罪""男孩杀人仅被收容"引发舆论的强烈质疑和不满。与此同时，一部聚焦校园暴力的电影《少年的你》于10月25日上映。这部由人气明星周冬雨和易烊千玺主演的电影，进一步带热了舆情，各类报道评论消息多达3万余篇，新浪微博阅读量过亿的话题多达16个，累计超过75亿人次。①质疑"未成年人犯罪无'法'可治"成为网上不满情绪的焦点。

除了这起杀人案，网上还不时曝出校园暴力事件。仅在开学季的9月，就有数起被媒体曝光。如9月5日，广西北海市第六中学女学生严某在海城区高德大桥下被多名女学生殴打。9月9日，贵州铜仁市江口县第三中学的两名女生对另一名女生进行辱骂，并左右开弓连续扇耳光。9月下旬，河南禹州市一名7岁女童眼睛被三名男同学强塞纸片，家人带着她多次前往医院就诊。医生从她眼睛里取出的小纸片多达几十张。这些事件的相关图片、视频在网上被大量转发，引起舆论强烈不满。《中国青年报》认为主要原因在家庭，《北京青年报》呼吁赋予学校适当惩戒权，《南方日报》则建议街道、社区关注学龄青少年心理成长状况……相关反思和建议成为网上的常见话题，力图根除校园暴力。

令人痛心的不止有校园暴力，一起起以孩子为作案目标的恶性案件，也冲击着公众的敏感神经。2019年1月8日，北京西城区宣师一附小右安校区内，学校的劳务派遣人员贾某为发泄不满情绪，持日常工作用的手锤在课间将多名学生打伤。3月14日，河北唐山市丰润区光华道小学附近，犯罪嫌疑人崔振江持刀追砍上学途中的学生，导致17名学生受伤。4月3日，湖南永州市宁远县柏家坪镇完全小学校内，一男子持刀砍杀学生，导致2人死亡、2人受伤。9

---

① 大连"13岁少年杀害女童案"舆情研究.法制网.http://www.legaldaily.com.cn/The_analysis_of_pub-lic_opinion/content/2019-11/04/content_8036752.htm.

月2日，湖北恩施市朝阳坡村，犯罪嫌疑人于某持刀闯入一小学，一路疯狂砍杀导致8名学生死亡，2名学生受伤。11月11日，云南开远市一名男子剪断围墙铁丝网，攀爬进入东城幼儿园，用氢氧化钠液体喷溅灼伤多名师生。12月17日，广西河池市大化瑶族自治县第四中学，一名校外人员以送水果之名入校持刀伤人，致2名初一男生一死一伤。校园安全防线的脆弱以及防范意识的缺失引发舆论质疑和反思。光明网疾呼，如果血案不能推进校园安全上档升级，"救救孩子"仍然是这个时代最沉重的叩问。

2019年，校园食品安全事件也频频占据舆论头条，守护学生"舌尖安全"一度成为舆论的操心事。

3月1日，江苏兴化市张郭中心小学等多个学校的学生发现，学校当天下发的"学生奶"已过期1天。媒体调查发现，生产商江苏太子乳业有限公司是兴化市的一家乳制品加工及销售企业，竟然未注册进入"中国学生饮用奶计划"，引发舆论哗然。

不久，四川成都七中实验学校食品安全事件又掀起舆论波澜。3月12日，多名该校学生家长发微博称，学校食堂食物存在有发霉过期的迹象，长期吃食堂的孩子们出现身体不适。一段由学生家长在学校食堂拍摄的视频在网上流出。视频显示，食堂操作间内脏乱不堪，可谓触目惊心。舆情瞬间滔滔，官方火速介入。调查发现，网上的照片和视频为家长故意摆拍，只有粉条样品发现了霉斑，"学生家长卧底学校食堂""已有维权家长跳楼身亡"等传言为不实信息。媒体纷纷用"大反转"为题报道官方调查结果。虽是闹剧一场，却也引发了校园食品安全制度建设相关反思。微信公众号"丁香医生"推送的《成都名校给孩子吃发霉食品，而日本学生餐，校长要先吃》获得点赞无数。

民之所望，施政所向。3月19日，教育部等三部门公布《学校食品安全与营养健康管理规定》要求，学校食品安全实行校长（园长）负责制，中小学幼儿园应建立集中用餐陪餐制度。新华网称,"陪餐制"为保障校园餐安全开了个好头。

2019年,教师冲击道德底线、逾越法律红线的事件也呈多发态势。

1月25日,山东青岛市北区红黄蓝幼儿园,一名外籍教师猥亵女童。5月10日,有网民爆料江西南昌市史蒂芬森幼儿园的两名老师强迫幼儿喝风油精,还让孩子们自扇耳光。6月24日,有家长举报,贵州贵阳市某民办国际学校班主任刘某林猥亵多名未成年女生。7月2日,内蒙古包头市东河区,一家长反映,自己孩子遭到幼儿园老师猥亵。9月7日,河南周口市某学校六年级多名学生因值日没倒垃圾,被老师逼着吃掉垃圾。

年末曝光的两起高校教师性骚扰事件更令师风师德建设成为关注焦点。12月2日,一女子在网上发文称,"北大数学中心"一助理教授冯某与多名女子发生不正当关系,还晒出多张聊天记录截图和一份结婚证。"北大""教授""不正当关系"等词汇推动舆情关注度迅速攀升。12月11日,北大发布情况通报,坐实了冯某违反师德师风的事实。[①]12月6日下午,一篇题为"曝光!上海财大会计学院已婚知名教授钱逢胜在校园里公然将女学生锁进车内性骚扰"的文章刷屏。12月9日,上海财经大学通报,给予钱逢胜开除处分。

短短几天,两起事件,涉事教师还是就职于北京大学、上海财经大学这样的名校,舆论关注度高涨,相关话题长时间盘踞于各大网络平台热搜榜。《北京青年报》等媒体呼吁,坚决清除害群之马并终身禁止从教。

对教师队伍师风师德的不满和担忧在网上已经形成声势,官方的治理也随之而来。教育部于4月、7月、12月先后3批曝光18起教师违规违纪典型案例,亮出了官方"对师德违规问题'零容忍'"的态度。

---

① 北大失德教师被解聘 受害女生:只想给北大点赞.《潇湘晨报》.http://epaper.xxcb.cn/xxcba/html/2019-12/12/content_3008709.htm.

第二节　教育公平：坚守底线

2019年全国两会间，新华网调查发现，网上有关教育公平的话题多达10.8万个，成为两会调查中"最受关注的热点话题"。[①]这一年，学术造假、高考、留学生待遇等屡屡激发全网大讨论，捍卫教育公平每每成为讨论的核心。

2019年1月31日，演员翟天临在微博上晒出北京大学光华管理学院"博士后录用通知书"。毕业于北京电影学院的博士生，加之北大光华博士后的头衔，让翟天临万丈光芒，收到无数好评。可是在一次视频直播中，面对网友的提问，翟天临竟回应了一句"知网是什么"。随后，翟天临的博士论文、硕士论文、高考成绩先后遭到造假质疑。《人民日报》点名喊话北大和北电作出处理。北京电影学院、北京大学先后分别作出撤销博士学位、退站等处理决定。翟天临涉嫌"学术造假"持续占据新浪微博热搜榜前排位置。中央政法委微信公众号"长安剑"评论称，舆论对翟天临不依不饶，源于其触碰了社会公众的底线——教育公平。

作为民众心目中最公平的人生竞争，高考的任何风吹草动都可以惊起波涛骇浪。

2019年4月底，网上流传出一份深圳市高三年级第二次模拟考试的成绩排名表。深圳民办中学富源学校"异军突起"，理科全市前10名中就占了6名，而深圳四大公办重点高中总共也只有4名。强烈的对比引起了深圳家长圈的高度关注。有家长质疑，富源学校的录取分数比四大重点高中低了近100分，突然"逆袭"应该是"高考移民"所致。深圳教育局回应学生高考报名资格没

---

① 数据看两会：发展更加公平更有质量的教育.新华网.http://www.xinhuanet.com/politics/2019-03/12/c_1210079964.htm.

有问题，更激发了家长们的不满。有自媒体刊文爆料，富源学校多位尖子生有从河北衡水中学"高考移民"的嫌疑。《新华每日电讯》、央视等主流媒体纷纷关注，呼吁堵住异地高考、学籍管理的漏洞。舆论压力之下，深圳市有关部门开展深入调查，最终证实，富源学校进入此次"二模"前100名的学生中，有10余名学生是从河北衡水第一中学转入。①几天后，广东省教育厅下发通知，要求各地开展治理"高考移民"专项行动。

为促进教育公平，国家面向贫困地区实施专项招生计划——"国家专项计划"。而2019年，这一计划却惹来了风波。8月初，有网民透露，河南新蔡县两名考生报考"国家专项计划"并被北京大学提档，但随后又被退档。网上曝光的图片显示，北京大学不顾河南省招生办公室劝阻，三次退档，理由均为"高考成绩过低……考生入校后极有可能因完不成学业被退学"。消息在知乎、微博等社交媒体上多次登上热搜榜。有媒体调侃道，因为这则"退档申请"，北京大学快被网民喷成了"筛子"。《环球时报》总编辑胡锡进认为，公众的反弹是对教育公平应有之义的保护。8月11日，北京大学回应称，退档理由不成立，将按程序申请补录已退档的两位考生。

事情被曝光初期，也有声音力挺北京大学，认为被退档的两名考生虽然是第一志愿，但"成绩的确过低"，而且第二志愿也有高分者，北京大学择优录取无可厚非。然而，更多的声音认为合规才能确保公平。红网指出，"能否退档，应以教育部规定为准"。东方网评论称，损害契约精神，也是对高考制度严肃性和公平性的伤害。还有观点认为，问题出在河南省采取顺序志愿的投档方式，呼吁相关方反思改革相关招录规则。

事实上，2019年高考综合改革正在稳步推进。4月23日，作为全国第三

---

① 富源"逆袭"引质疑，"高考移民"惊深圳.《新华每日电讯》.http://www.xinhuanet.com/politics/2019-05/07/c_1124460278.htm.

批启动高考综合改革试点的8个省份，河北、辽宁、江苏、福建、湖北、湖南、广东、重庆相继发布本省份实施方案。央广网指出，这意味着高考综合改革进入了由东部改革试点转向中西部推广的新阶段。"两依据，一参考"[①]"3+1+2"[②]等模式引发好评。舆论普遍认为，我国高考改革逐步走向深入，考试成绩不再是唯一评价标准。在增加"选择性"的同时，如何确保公平，引发舆论高度关注，"再选科目实行等级赋分"等制度设计的初衷被评价为促进公平。

2019年，留学生"超国民待遇"成为舆论场中新晋热点话题。

2019年7月6日，有微博网民发文爆料山东大学"学伴"项目为一个留学生配三个学伴，报名表中还特别强调学伴的性别，将"结交外国异性友人"列为选项之一。消息一出，舆论一片哗然。网民多认为此举体现了留学生的"超国民待遇"。网民评论不乏"为留学生提供女伴""拉皮条"等情绪宣泄甚至侮辱性词汇。此后，还有人曝光山东大学曾招募25名学生陪护1名骨折的留学生。一石激起千层浪。各地高校的留学生优待政策都成为网民口诛笔伐的对象。如北京大学给汉语不达标留学生提供高达47万元人民币的奖学金、吉林大学给外国留学生提供"保姆式服务"、山东财经大学专门为留学生腾宿舍等等。《外国人的"超国民待遇"何时休？》《在自卑与自大间徘徊：超国民待遇留学生政策，赢不来尊重？》《"国民待遇"就是最好的礼遇》等评论文章获得大量阅读。人民网指出，"公平公正，内外如一"的诉求成为此类事件激发网民情感共鸣的敏感因素。《半月谈》还披露，过于优惠的留学生政策，还成了国内一些人钻政策空子、改换身份入学的特殊通道，伤害了教育

---

① "两依据，一参考"，即不仅依据高考学科科目成绩和学业水平选择性考试成绩，还将综合素质评价作为录取重要参考。

② "3+1+2"模式，即"3"为全国统考科目语文、数学、外语，所有学生必考；"1"为首选科目，考生须在高中学业水平考试的物理、历史科目中选择一科；"2"为再选科目，考生可在化学、生物、思想政治、地理4个科目中选择两科。

公平。①

争议之后，留学生管理趋严。10月初，中国人民大学发公告，一次性清退16名本科毕业生，其中就包含了部分留学生。10月25日，复旦大学发布《2019—2020学年第一学期研究生退学决定公示（第一批）》，从姓名推断，至少有10人为外国留学生。11月29日，武汉大学发文称，对92名国际学生予以退学处理。一时间，几所名校掀起了留学生"清退"浪潮。舆论纷纷称赞"干得漂亮！"

教育公平关系着全国绝大多数群众的切身利益，关系着人心向背。2019年发生的这些热点舆情事件反映出维护教育公平是不可撼动的社会共识，而政府治理紧跟热点、敢碰难点，牢牢守住了教育公平这一底线。

第三节　教学改革：增减并举

2019年，为中小学生减负、给大学生"增负"的教学改革措施陆续出台，舆论反响强烈。增加负担引来一片叫好，减少负担却在争议与期待中进行。

教育部曾于2018年底印发《中小学生减负措施》。当时政策一出，就引发热议，其中不乏反对声。2019年，为落实教育部的政策，辽宁、陕西、青海、重庆、贵州、河北、浙江等多省市相继出台省内实施方案，学生减负持续成为热门话题。

10月28日，浙江省教育厅公布《浙江省中小学生减负工作实施方案（征求意见稿）》。"小学生晚9点、初中生晚10点可经家长确认拒绝完成剩余作业"，方案中的这一措施引发争议。家长们普遍质疑这一规定缺乏可操作性，

---

① 让留学生成为中国大学校园中的普通一员，是时候了！.微信公众号"半月谈".http://mrw.so/5s-rIOu.

喊话教育部门"减负"不能仅在作业时间上打主意。还有不少家长担心，规定给拖拉的孩子提供了"偷懒"的借口。央视新闻微博账号发起调查显示，42%的参与者不支持小学生晚9点可拒绝完成剩余作业，担心会纵容孩子。12月，方案正式发布，"小学生晚9点可拒做作业"被删除。

11月初，一篇题为《南京家长已疯》的文章刷爆朋友圈，成为减负政策实施效果的生动注脚。在文中，作者声情并茂地"描述"了江苏南京市实施减负政策后，"不许补课，不许考试，不许公布分数"，调侃称"用不了多久，孩子就会成为一个活泼灵动、热爱生活、轻松愉悦、心智健康的学渣"。

文章观点获多地网民留言赞同。网上掀起关于"教育减负=制造学渣"的激烈争论。赞同者质疑，教育部门减负"一刀切"，孩子不学习，成绩提不上去，着急的是家长。复旦大学高等教育研究所副研究员陆一将当下我国实行的"减负"措施评价为"堵式减负"。反对者则认为，这是公众的误解，担心教育领域已现"剧场效应"，家长成为减负最大阻力。"素质教育和应试教育哪个更重要？"这一经典问题也再次被热议，网民认为"唯分数论"的现状尚未改变，素质教育在激烈的学业竞争面前很难打开市场。《人民日报》也刊文称，倘若对分数的渴望不减，再贴心的减负也不过是把负担"闪转腾挪"。

一直以来，教育培训机构都被指是"剧场效应"的制造者。校外培训机构专项治理之下，超前超标的培训情况屡禁不止。2019年，培训机构的微信公众号上仍在反复"贩卖焦虑"："别人家孩子幼儿园大班已经会100以内的加减法和简单的英语问候。""二年级下学期刚开课，班上超过一半的孩子已经学完这学期的数学。""朋友的孩子初中物理已经上了第四遍，每次考试成绩90分左右。"《四川日报》记者走访发现，地方减负政策执行情况并不理想。在学科培训中，超纲、提前、应试教学情况最为普遍，布置课后作业是"家常便饭"。《北京日报》也指出，线上课程易成为减负盲区。

而课外培训服务花样繁多，费用水涨船高。《寒假游学火爆！花费三四万价格不菲》《中国家长：从中产到破产只需经历一个暑假》《大半年工资，养不起一个暑假里的孩子》《月薪3万撑不起孩子的一个暑假？对不起，今年涨到8万了》等文章网上流传，进一步加重家长焦虑情绪。

为中小学学生减负饱受争议的同时，给大学生增负却广受赞誉。4月29日，教育部部长陈宝生宣布全面实施"六卓越一拔尖"计划2.0①，直言计划意在让学生忙起来、让教学活起来、让管理严起来。10月份，教育部就本科教育接连印发了《关于深化本科教育教学改革全面提高人才培养质量的意见》和《关于一流本科课程建设的实施意见》，要求严把考试和毕业出口关，坚决取消毕业前补考等"清考"②行为，拒绝"水课"③进课堂。

除了主管部门，各高校的管理也是纷纷"加码"。据媒体统计，仅2019年3月上旬，就有3所大学对100多名硕士、博士生进行退学处理。合肥工业大学"动真格"，对46名未达到毕业要求的研究生进行退学处理。广州大学对该校72名研究生作退学处理，理由是在学校规定的最长学习年限内未完成学业。西南交通大学则对"超出最长学习年限且未提出结业申请"的2012级博士研究生和2014级硕士研究生，拟按学校相关规定的要求进行退学处理。年末，中国人民大学清退16名本科生、复旦大学清退12名研究生的消息更是引发高度关注。舆论高度评价高校"增负"举措，吐槽部分大学生在校期间"放飞自我"，通宵游戏、喝酒追剧，养成堕落散漫的习惯，认为"只会混日子的大学生，早就该被惩罚了"。《半月谈》指出，一些高校教师考前划重点、开卷考试、纵容作弊、设置"水课"送学分，导致学校学风每况愈下。《北京日报》评论，严进严出是一所大学应有的操守。

---

① "六卓越一拔尖"计划2.0，即卓越工程师教育培养计划2.0、卓越医生教育培养计划2.0、卓越农林人才教育培养计划2.0、卓越教师教育培养计划2.0、卓越法治人才教育培养计划2.0、卓越新闻传播人才教育培养计划2.0、基础学科拔尖学生培养计划2.0。

② 清考：课程期末考试没有通过，补考也没有通过，学校会在毕业前再给一次或两次考试机会。

③ 水课：通常指没有学术要求的课，或被学生认为实用性不强的课。

　　回顾2019全年，教育领域热点不断，在各类网络群体的关注下，教育领域制度不断完善，校园安全、教育公平、教学质量进一步巩固和强化。习近平总书记指出，教育兴则国家兴，教育强则国家强。教育寄托着亿万家庭对美好生活的期盼，关系着社会和谐进步，也关系着国家繁荣昌盛。在党和政府以及社会各界的共同努力下，办好人民满意的教育、建设教育强国的新征程，已经开启。

第九章　医疗：而今迈步从头越

2019年，医药卫生领域大事要事不断。这一年，新医改的第二个十年正式开启，新版国家医保药品目录出台、药品集中带量采购扩围、社会办医绿灯大开、全国性辅助用药目录公布……改革勇涉深水区。这一年，"家长发现"屡立奇功令疫苗安全再次成为民众的烦心事。这一年，"封针疗法"刺痛了孩子的身体和家长的心，杨文医生被杀让全国的医护人员寒了心，医患关系何时修复又操碎了多少人的心。这一年，百亿保健帝国崩塌、年轻明星猝死、久违的瘟疫卷土重来，让人们开始认真审视健康这一问题，而政府早已未雨绸缪，从"治已病"到"治未病"的政策转变，赢得了百姓的拥护和全世界的赞许。

第一节　医疗改革：进入攻坚期

2009年4月6日，中共中央、国务院公布《关于深化医药卫生体制改革的意见》，新一轮医改拉开大幕。2019年，"新医改"已经走过十年的历程，其成败得失一时间成为网上热议的焦点，热度贯穿全年。

1月，亿欧网刊文解读《2009—2018：十年新医改，究竟改了什么？》；2月，《光明日报》网站刊文点赞《新医改十年：阳光照进来》；4月，自媒体健康界文章《新医改十年的十个不改》，刷屏医药圈；8月，《经济参考报》文章《医改十年交出亮眼成绩单 三大难题尚待攻克》在网上广泛传播；9月，医学界权威学术刊物《柳叶刀：公共卫生》发布专刊，聚焦"中国医疗卫生改革十年"……

境内外舆论细数改革成果，从看病"自掏腰包"到国家"拿大头"，从"以药养医"到"药品零加成"，从多级代理到"两票制"……十年医改成果丰硕，形成了举世瞩目的"中国经验"。

与此同时，反思也在进行。"分级诊疗效果不理想""医改统筹协调失衡""公立医院逐利机制尚未消除"被《经济参考报》列为三大难题，"患者用药负担下降"等成绩则引发一些争议。华夏医药网刊文指出，"药费占比在下降，但实际用药费用一直在上涨。"

2019年，也开启了新医改的下一个十年。舆论普遍认同改革已进入"深水区""攻坚期"这一判断。这一年的医改真可谓勇涉深水区，敢啃硬骨头。而刚成立不久的国家医保局屡出猛招，成为媒体的热门报道对象。

3月13日，国家医保局网站发布《2019年国家医保药品目录调整工作方案（征求意见稿）》，向社会公开征求意见。

消息在网上引起关注。财新网刊文指出，距离医保目录上一次调整刚过两年，2018年机构改革中新成立的国家医保局已开始绸缪新一轮调整，而上一轮调整是在沉寂八年后才做出的。北京商报网点评，《方案》打响了医保目录实时调整的第一枪。环球网社评称赞，国家医保局在全国两会期间公布今年医保目录调整工作方案，全面贯彻国务院的工作部署，显示了自加压力认真履职的工作作风。

"优先考虑国家基本药物中的非医保品种、癌症及罕见病等重大疾病治疗用药、高血压和糖尿病等慢性病治疗用药、儿童用药以及急抢救用药"的方案设计更是赢得喝彩声不断。界面网等网站期待，经过此次医保目录更新调整，大病用药不再"贵不可及"。

自征求意见稿公布，工作便紧锣密鼓地开展，每一步进展都牵动着全国网民的心。

8月20日，常规准入部分的药品名单正式公布。新增的148个品种中，重大疾病治疗用药5个，糖尿病等慢性病用药36个。网上报道的标题被冠以"重磅""万众瞩目"等醒目标签。"这些药品以后可以报销啦"这一口语化的句子一时间成为网络热搜。

11月28日，国家医保药品准入谈判结果出炉。至此，完整版2019国家医保目录终于出台。人民日报客户端等媒体梳理，通过这一我国建立医保制度以来规模最大的谈判，又有70个药品加入医保报销的行列中，另外有27个药品"续约"，多个全球知名的"贵族药"开出了"平民价"，进口药品基本都是"全球最低价"。有媒体曝光了幕后的谈判工作视频实录——"现在是我们整个国家来跟你进行谈判""便宜点，能不能再便宜点？"医保局专家"一分也不放过"地讨价还价，获得了网友的高度认同。这则"灵魂砍价"视频刷屏网络，视频中的专家——浙江省医保局处级干部许伟也意外成了"网红"。

2019年，另一项由国家医保局主导的重要举措——药品集中带量采购，同样引人注目。

1月1日，国务院办公厅印发《国家组织药品集中采购和使用试点方案》。3月19日，11个试点城市（即"4+7"试点城市，包括北京、上海、天津、重庆4个直辖市和广州、深圳、沈阳、大连、西安、成都、厦门7个城市）均出台了实施方案和配套政策。4月1日，11个试点城市全面启动实施。一个月后，人民网刊文反映"落地一月多 实施超预期"，指出"试点地区肿瘤等重大疾病的患者医疗费用显著下降"。

9月24日，国家组织25个省份和地区形成联盟，开展跨区域联盟药品集中带量采购，"4+7"正式扩围。中国新闻网称，这意味着国家级"团购"正式开启。上海阳光医药采购网24日晚发布中选结果显示，与联盟地区2018年最低采购价相比，拟中选价平均降幅59%；与"4+7"试点中选价格水平相比，平均降幅为25%。澎湃新闻网注意到，与2018年的第一轮集中采购的情况相比，2019年企业的积极性更高，没有出现流标，外资企业也积极参与。经济观察网认为，带量采购已成未来方向。

果不其然。11月27日下午，国家组织药品集中采购试点办、联合采购办召开企业座谈会。"第三轮国家带量采购来了"的消息随即在网上传开。健康界等业内媒体认为，本次座谈会是在为第三轮带量采购扩品种提前摸底。12月6日，第三轮药品带量采购工作座谈会召开。此后，更多细节流出：全国放量、多家中标……《中国证券报》等媒体透露，采购的药品品种从前两轮的25个增加到了35个，降价幅度不会低于50%。

2019年，政府出台多项重磅政策为社会办医"开绿灯"。开年即出新政。1月2日，国家发改委等9部门联合发布《关于优化社会办医疗机构跨部门审批工作的通知》。文件在医疗界引起热烈反响。业内人士认为，文件剑指社会办医准入的痛点，打破了社会办医的"玻璃门"。微信公众号"看医界"刊文《申办医院、诊所"最大的坑"被填上了！》，盛赞文件出台前政府曾充分听取医疗行业人士建议，审批改革切中肯綮。

6月12日，国家卫生健康委等10部门联合印发《关于促进社会办医持续健康规范发展的意见》。《光明日报》《北京晚报》细数"二十二项政策"为社会办医提速，钛媒体梳理出"2019国字号社会办医文件"八大突破，央视网提炼出"一视同仁、政策倾斜、差异化定位"等三大关键词……华夏时报网、产业发展研究网等财经类媒体则乐观地展望社会办医产业前景——"养老领域有望成为下一'风口'""千亿体检市场再迎政策大礼包"……

2019年，辅助用药治理终于迎来国家层面的政策。2月24日，题为《辅助用药：从滥用到规矩用》的一期节目在央视《焦点访谈》栏目上映，揭开了辅助用药^①的神秘面纱，让辅助用药滥用问题进入了大众视野。医学界智库等自媒体敏锐地判断，"央视报道聚焦对象往往会成为下一个医改重点领域。这次，轮到了辅助用药。"微信公众号"八点健闻"发布爆款文章，控诉辅助用药多年来已经成为过度用药和利益输送的重灾区，占用大量医保配额。

7月1日，国家卫健委发布《关于印发第一批国家重点监控合理用药药品目录（化药及生物制品）的通知》，央视节目结尾处那份呼之欲出的"全国性的辅助用药目录"正式公布。"国家终于正式向辅助用药开刀""靴子最终落地了"……自媒体转载时的标题表明了民众对政策期待已久。

微信公众号"健识局"指出，目录公布前，已有部分城市甚至大医院发布了重点监控目录、辅助用药目录等。行业网站"制药在线"刊文提醒，"辅助用药品种就是以后要限制的品种，大家要做好心理准备了。"健康界网站已经开始迫不及待憧憬未来——"第一批公布的名单虽然只涉及化药及生物制品，但预计很快就会有第二批、第三批名单。"

辅助用药的乱象也得到了更多的关注。8月11日，《南方都市报》发表文章《注射"神经节苷脂"后变瘫痪，70余名患者揭开"神药"冰山一角》。文章介绍，在一个吉兰-巴雷综合征的病友群中，有超过70名患者自称是在使用神经节苷脂后而瘫痪。报道发出后不到12个小时，阅读量超200万，包括"神经节苷脂"在内的"神药"引发了社会大众关注。《南方都市报》接着发文起底——在首批20个国家重点监控的辅助用药名录中，神经营养类药物"神经节苷脂"榜上有名。《中国经营报》记者发现，这款"神药"的原研药却早已被中国禁止进口、销售和使用，国内的仿制药也曾被原国家食药监总局发文要求修订说明书。健康界网站认为，随着目录的陆续公布、医保控费的持续

---

① 辅助用药：既不针对病因也不针对症状，在实践中适应症宽泛，甚至有滥用的嫌疑，临床效果却不显著，一般未获得行业疾病诊疗指南推荐，又被业界称为"神药"。

趋紧，此类"万能神药"必将走下神坛。

然而，改革从来不是一帆风顺的，围绕改革的争议也成为舆论追逐的对象。

国家医保药品目录的调整，既有调入，也有退出。因此，几家欢喜，几家忧。征求意见稿甫一公布，媒体就纷纷刊文传递对于中成药、中药注射剂的担忧，《中药注射剂面临"生死劫"》等标题尤为醒目。受限的中药注射剂共有44个，口服中成药更高达77个。常规准入部分的医保药品目录调出了对于临床价值不高、滥用明显、有更好替代的药品，共79个品种，而且支付范围的限定更加精准、更加严格。《中国证券报》称，一致性评价、医保谈判和全国集采三大政策，必将导致国内医药行业的急剧洗牌。

药企担忧未来怎么赚钱，而医保参保者则关心医保资金该怎么花。《中国青年报》报道了网友的质疑声音——"用200个人的看病钱给一个人吃靶向药，公平吗？"财新网则注意到，亦有不少罕见病用药纳入医保的争议——罕见病患者往往每年花费上百万，且多需终身服药，纳入医保可能给医保基金带来更多压力。当多数群体与少数群体共享同一个医保资金池，公平、效率、伦理三方如何兼顾，成为一个热度持久的舆论话题。

"要严控公立医院数量，为社会办医留足发展空间"，《关于促进社会办医持续健康规范发展的意见》中的这句话，引起巨大反响。在社交媒体上，大量网友留言认为，当前公立医院"一号难求"，反对为社会办医发展严控公立医院数量。而《医改界》创始人魏子柠接受每经网采访时表示，"正是由于大公立医院过于追求规模，优质的医疗资源进一步集聚，使得更多病人自然流向了大医院，反而造成了看病难。"[1]

集中带量采购带来企业间的激烈"厮杀"，一度成为各类财经媒体报道的

---

[1] 国家发文，要严控公立医院数量和规模，你理解其中的含义吗？每经网.http://www.nbd.com.cn/articles/2019-07-09/1352173.html.

焦点。《北京商报》特别报道了外资药企积极入局争夺市场份额。十几家跨国药企参与，而2018年"4+7"试点带量采购中，跨国药企几乎全线"沦陷"。《21世纪经济报道》则关注到，除了传统原研药对手，印度仿制药也来了。残酷的市场竞争，震动医药板块。9月24日，新一轮药品带量采购扩面一开标，Wind资讯、金融界纷纷推送股市即时动态。未能入围的药企中，信立泰大跌9.44%，盘中一度跌停，25日续跌9.05%；京新药业午后直线跌停至收盘，25日续跌8.61%。入围却未能中标的恩华药业也封上了跌停，25日续跌1.92%。健识局梳理道，9月25日，据同花顺数据显示，生物医药概念股整体跌幅为2.44%，122支个股中，107家呈下跌，资金净流出22.7亿元。[①]

第二节　医药供给：难过信任关

2019年全国两会前夕，国家卫生健康委召开例行新闻发布会。在面对"如何重建公众对疫苗的信心"的记者提问时，全国政协委员、中国疾控中心主任高福表示，"中国的疫苗应该是世界上最好的疫苗之一。"高福的回答在网上遭到大量吐槽。长春长生问题疫苗案件的舆论热度尚未褪去，公众的信心恢复自然言之尚早。

而2019年曝光的多起过期疫苗事件，则一次又一次将疫苗安全问题推上风口浪尖。1月7日，江苏有家长在网上反映发现孩子在淮安市金湖县黎城卫生院服用了过期脊灰疫苗。此后，陆续有家长发现自己的孩子也接种了过期疫苗。官方迅速介入展开调查。9日，当地县委发布调查通报称，近一个月内，共有145名婴幼儿在江苏金湖县黎城卫生院服用了过期脊灰疫苗。

---

① 4+7中标结果出炉，医药股集体受挫多支跌停，复星蒸发32亿. 健识局.http://m.sohu.com/a/343376121_564023.

事件并未在官方的通报后结束。不断有家长翻看孩子的疫苗接种手册，发现也接种了过期疫苗，却不在官方通报的145名之列。红星新闻持续调查发现，涉事卫生院并不止金湖县黎城卫生院一家，涉嫌过期的疫苗还出现在金湖县人民医院的接种记录中，甚至乡镇医院接种记录中也出现了过期疫苗。搜狐新闻客户端记录着家长们的恐慌在金湖县蔓延。1月11日，金湖县的居民在县政府门前集访，讨要说法。有家长感叹"我们逃过了假疫苗，却逃不过过期疫苗"。

一波未平一波又起。继江苏金湖后，扬州市宝应县也被曝出过期疫苗。不少家长按照孩子接种本上记录的疫苗批号进行自查，发现2018年年末给孩子接种的乙脑疫苗早在8月就已到期。网上曝出的相关接种记录及查询图片显示，过期两三年的不在少数，有的已过期九年之久，有的批号显示根本不存在，甚至有孩子明明接种的是脊灰、乙肝疫苗，查出来却是狂犬疫苗。"工作人员刘某笔误导致的差错"，针对宝应县卫计委的这一回应，网络上质疑声四起。每日人物等自媒体总结道，家长们怀疑存在临时篡改、销毁数据的情况。

《北京青年报》发表辛辣社评："家长发现"是对监管的一种讽刺。《中国城市报》一针见血地指出，国家《疫苗管理法》对疫苗的生产监管十分严格，但在接种环节上，仍需面对全国无数基层医疗单位的"最后一公里"。新加坡《联合早报》发文感慨，监管机制显然仍有不少漏洞有待填补，保障疫苗安全恐怕还有一段路要走。

此后的多起事件也印证了这一判断。6月5日，《新晚报》报道，黑龙江哈尔滨南岗区保健社区卫生服务中心误将2月龄婴儿要打的5价轮状疫苗和13价肺炎疫苗接种给了4月龄的婴儿。8月14日，在河北省阳光理政平台上，有网民反映，河北廊坊固安县曲沟乡卫生院将婴儿8个月才应注射的麻风疫苗，提前4个月进行了注射。8月25日，央视新闻曝光四川广元青川县青溪镇部分疫苗接种记录本被涂改，甚至直接换了新本。

2019年，疫苗供应也晋升为一大舆论焦点。国家卫健委发布2019年1月流感报告，死亡人数约相当于2018年全年总数。媒体纷纷在第一时间报道这一异常现象，并将原因指向流感疫苗供应。经查询中检院流感疫苗批签发数据，《中国证券报》记者发现，2018年，国内流感疫苗批签发总量为1612.39万剂，较2017年同比下滑44.89%。

10月，进入流感疫苗最佳接种期，流感疫苗紧缺再次成为热门话题。《钱江晚报》报道，杭州流感疫苗供应量比2018年略有增加，但仍供不应求。杭州滨江区一接种点有人早上4点就去排队。《解放日报》报道，上海闵行、杨浦、黄浦等区的流感疫苗均十分走俏。网民则纷纷现身说法，反映自己所在社区接种点的流感疫苗也是"一针难求"。

舆论的声音很快得到了回应。10月30日，国家卫健委召开新闻发布会称，疫苗供应紧张并非由疫苗总体供应不足引起，而是部分群众扎堆接种所致。消息在微博等社交媒体平台上引发舆论反弹。大量网民吐槽官方回应与现实感受不一致，不少网民跟帖亮出"坐标"，来反映各地均出现流感疫苗短缺。

事实上，不仅是流感疫苗，多种一类、二类疫苗均出现短缺现象。人民网报道，四川、甘肃、贵州、安徽、陕西、海南等多地网友在人民网地方领导留言板留言，反映麻风疫苗、百白破疫苗、进口乙肝疫苗等出现短缺。深圳新闻网报道，深圳市疾病预防控制中心表示，水痘疫苗的供给一直比较紧张。《贵阳晚报》报道，贵阳刘女士被狗咬伤后，拨打了7家市内狂犬病暴露处置门诊的电话，有3家门诊表示缺货。各地的九价宫颈癌疫苗更是紧俏货。微信公众号第一财经YiMagazine调查发现，一些中介机构在网上发布信息提供接种"黄牛"服务，承诺加价两千"排上队"。《三秦都市报》报道，陕西省疾病预防控制中心门诊部的1500个九价宫颈癌疫苗接种名额，5分钟被预约者"一抢而光"。

环球网文章援引疫苗专家陶黎纳的观点称，疫苗短缺跟长春长生问题疫苗事件直接相关，政府在强监管的同时也要确保疫苗的供应。《南方周末》表示，随着《疫苗管理法》的出台，规模较小、产品单一、工艺落后的企业将逐步被淘汰。根据广发证券研报，2019年上半年，国内具有批签发记录的疫苗企业只有29家。中国疾控中心免疫规划中心专家姜晓飞认为，我国大部分地区疫苗需求量依据历史经验估算，致使疫苗分布配置不均衡。一财网称，国家层面应该建立一类疫苗储备机制，便于国家层面调剂。

除了疫苗，始于2018年的常用药缺货、涨价现象延续至2019年，引发网上持续关注。2019年春节过后，《经济参考报》记者调研发现，不少基层医疗机构和群众反映一些廉价药、常用药"一药难求"。《新快报》记者也发现，家庭常用药价格不同程度上涨，药店难寻十元以下感冒咳嗽药。"基层医师公社"等自媒体刊文呼应：乡镇卫生院缺药尤为严重。

此后，《21世纪经济报道》《中国青年报》《工人日报》《法制日报》等媒体，"赛柏蓝""健识局"等业内微信公众号陆续刊文反映2019年以来常用药短缺、价格上涨的情况。

深究背后原因，财经网认为，成本上升是常用药涨价最为主要的原因。新修订的《环境保护法》实施、药品一致性评价推进都不同程度增加了药企生产成本。《半月谈》还指出，对于治疗妇儿专科、急救、慢性病的廉价常用药，生产扶持政策不完善，导致企业积极性不高。制药网于11月报道，有地方药物采购中心披露，174个药品将废标、撤网。这174个药品中，低价常用药占了99个。行业人士分析表示，中标价太低，药企承压过大等或是主要原因。

一直以来，医患关系都是舆论热议话题，2019年也不例外。2月13日，蓝鲸财经记者发现，天眼查信息显示，百度在线网络技术（北京）有限公司工商信息发生变更，经营范围新增销售第三类医疗器械、销售医疗器械II类、软件开发等内容。消息一出，遂即引发关注，"百度再次发力布局医疗业务"的说法也在网络扩散开来。百度回应称，"这是公司为公益产品眼底筛查相机投入市场做准备。"3月20日，百度战略投资沈阳东软医疗系统有限公司的信息也被媒体广泛关注。对于百度利用人工智能继续参与医疗领域的努力，网民并不买账，因魏则西事件而饱受诟病的"竞价医疗"，依然横亘在网民心头。失信后的救赎之路依旧艰难。

4月24日，有新浪微博网民反映，上海仁济医院胸外科专家赵某因拒绝患者插队与患者家属起冲突，后被警察铐走。医患冲突、医警冲突交织，令相关话题迅速登上热搜榜。之后，不断有自称现场目击者的网民爆料称，冲突由加号引起的，赵医生体谅涉事患者为外地来为其加号，而患者丈夫不满长时间候诊。线下医患双方肢体冲突，线上舆论也争执不下。一方面，自媒体纷纷以《上海仁济医院医生被铐走，到底寒了谁的心？》《预约就诊时间不是火箭发射时间》等为题为医生鸣不平、谴责患者家属。几天后，一篇题为《"上海仁济医院医生被铐"事件后续？上海各大医院不再允许加号，一律预约》的网文热传，认为这是"上海仁济医院医生被铐事件引发的副作用、负效应"。一方面，不少网民认为，也要给患方说话的机会，以自身经历反映医院就医秩序混乱、医生服务恶劣。最终，中国医师协会发声，呼吁各方冷静、反思。

5月，有微博用户爆料称苏州大学附属第一医院心血管主任医师杨向军被其博士生实名举报："乱装支架，装一个回扣一万元"。消息在网上引发高度关注，登上新浪微博热搜榜。网传杨向军"多年来捞钱上亿"，舆论震惊于救命神器竟成创收利器。媒体纷纷刊文揭露心脏支架滥用问题。《南方日报》援引国际权威临床医学期刊《新英格兰医学杂志》一项研究称，国内不少病人被放了5—10个支架，这是明显的过度医疗。《半月谈》指出，受利益驱使，医生鼓励病人使用支架。

从媒体的报道来看，支架所属的高值耗材领域积怨已深。界面新闻称，高值耗材是医疗费用构成中增长最快的部分之一。事发地所处的江苏省4月就曾出台针对性政策，明确将单价超过2000元的医用耗材作为整治重点。6月底，国家医保局发布了《国家医疗保障局关于印发医疗保障标准化工作指导意见的通知》，被财联社等媒体认为这意味着医疗界一直关注的医用耗材编码工作已正式落地执行。7月31日，国务院正式下发《治理高值医用耗材改革方案》。搜狐号"医药供应链"等自媒体关注到，该方案获国家最高领导人主持的中央深改委会议通过，可谓意义重大。

8月中旬，一则"安徽死者肝肾被假捐"的消息，在网上传开。据媒体报道，在安徽怀远县人民医院，一名53岁的脑死亡患者进行了"器官捐献登记"，在被宣布临床死亡后，肝肾器官被摘除，家属获得20万"国家补助金"，事后证明这场"捐献"有假，是"医生的个人行为"。新京报网评论，在治病救人的"白衣天使"中，也有为了利益不惜出卖底线者。人民网也发表观点称，涉案者将受到法律严惩，给更多"白衣使者"敲响警钟。

10月21日，丁香园旗下自媒体"偶尔治愈"的一篇深度调研，将号称往穴位里打药就能治疗脑瘫的"封针疗法"推上了舆论的风口浪尖。调查记录了郑州大学第三附院医院"封针"的真实场景——头、颈、四肢到腰部扎入几十至近百针不等并注入药剂，婴儿极为痛苦，"舌头都咬烂了"……如此残忍的疗法，疗效却疑点重重，有患儿莫名被诊断为脑瘫；还有患儿接受"封针"疗法后出现癫痫、脑梗等问题。[①]

文章被大量转发，社交媒体上充斥着中国家长的愤怒，"残忍""骗局"等成为"封针"在网络上的标签。澎湃新闻网采访了上海壹博医生集团发起人孙成彦、北京大学基础医学院教授王月丹等专家，他们一致认为，这种治疗毫无科学依据，令婴儿经历了不必要的痛苦。《南方都市报》也通过其官方

---

① 婴儿"封针"调查：一家三甲医院的脑瘫治愈神话.丁香园http://pediatr.dxy.cn/article/652085?trace=hot.

企鹅号讲述了多位知名儿科医生对此的质疑。新文化网跟踪报道了几天后郑大三附院儿童康复科全员停诊的消息,不无悲哀地评论称,"封针疗法"透支了家长们最后的希望。

2019年的平安夜却不平安。12月24日6时许,民航总医院,患者家属孙文斌从腰间抽出事前备好的尖刀,朝急诊科医师杨文的颈部猛刺,杨文最终抢救无效身亡。这起恶性伤医案,震惊全国。

12月27日下午,微博认证为"北京大学肿瘤医院胸外科医生"的李少雷医生发文,以亲历者身份讲述了案件的详细经过,包括患者家属的蛮横无理,以及医者的隐忍、不安和屈辱。文章很快刷屏网络。一段急诊抢救室的监控视频在网上传开。视频清晰地记录了残暴的行凶过程。一些网友留言表示,"看后不寒而栗。"随着内情的不断曝出,网络舆情最终形成海啸。微博相关话题阅读量累计达34亿,讨论超过127万条,微信公众号相关文章3000余篇。

在汹涌的网络舆情中,对于暴行的谴责是绝对的主流。12月25日,全网推送中国医师协会的声明——"谴责已无法表达愤怒的情绪"。此后,国家卫健委两度发声回应——事件不是医疗纠纷,而是严重刑事犯罪。澎湃新闻网12月28日梳理近十年来媒体报道的295起伤医事件发现,共有362名医护人员受伤,99名医护人员被患者持刀具袭击,24位医生失去生命。另据丁香园统计,2001年以来,至少50名医务工作者因暴力伤医事件身亡。2019年10月22日,甘肃一女医生被患者袭击身亡,也曾引发舆论高度关注。时隔2个月,惨剧却再次上演。

舆论呼吁"为众人抱薪者,不可使其冻毙于风雪",加强医护人员人身安全保护迫在眉睫。案件发生三天后,《基本医疗卫生与健康促进法》在十三届全国人大常委会第十五次会议上表决通过。媒体解读新法将对伤医行为"零容忍",网友纷纷感叹"杨文医生没有等到"。

也有不少网文试图剖析事件背后的原因。《中国新闻周刊》指出,患者家属与民航总医院的一大矛盾点在于一直无法从急诊转到住院部治疗，进而无法享受医保报销。在贴吧、知乎等社交媒体上，医保控费、中药注射液不良反应成为讨论焦点。有网友发帖质疑，到年底了，在医保控费的大背景下，医院对老人住院尤其警惕。有网友则质疑，中医注射液治疗效果存疑，且不良反应大，是条暴利产业链。而"想住院又不让进""输液输坏了"正是凶手孙文斌耿耿于怀的。第一财经网发表社论指出，长期存在的过度检查、过度医疗、以药养医等问题，甚至近年推动的医保控费等医改举措，具体执行者都是医生。患者一旦利益受损，往往直接迁怒于医生。文章呼吁在立法保障医生人身安全的同时，监管者、医院和患者全方面反思医疗政策。

也许是杨文医生的遭遇触动了国际医学界，12月26日，国际医学期刊《柳叶刀》在官方网站首次全中文刊发了一篇中国学者的文章——《给父亲的一封信》。消息很快在医疗领域网站丁香园论坛上冲上热搜，并迅速"刷爆"了医务工作者的朋友圈。文章作者是中国医科大学附属第一医院麻醉科医生谭文斐。在这封写给已故父亲的信中，谭文斐追述了父亲生前当医生时的两次医疗事故，以及自己继承父亲遗志选择做医生的心路历程。正如北青网评论，研读这封信，不仅可以体会到医生的辛酸，对于增进医患双方的理解也不无裨益。上观新闻网则转述上海交通大学医学院副教授蔡雨阳的呼吁——"希望谭文斐的这篇文章也能让更多社会大众走近、读懂医务工作者，让悲剧不再重演。"

第三节　人民健康：开启新时代

2019年7月15日，中国政府网集中刊发《健康中国行动（2019—2030年）》《国务院关于实施健康中国行动的意见》等文件，引发网上聚焦健康中国行动。文件中"以治病为中心向以人民健康为中心转变"的表述最受关注，被业界视为健康中国行动的一大亮点。2019年，网络舆论也慢慢开始从注重"治已病"，到聚焦"治未病"。

元旦，被健康科普平台丁香医生批判的权健终于等来了公安机关的立案侦查。联合调查组发现，权健公司涉嫌传销犯罪和虚假广告犯罪。权健事件的舆论很快蔓延到了整个直销行业。1月12日，北京日报客户端刊文《直销公司大肆传销，还有多少个"权健帝国"在害人？》，披露两家保健品巨头天狮集团和无限极涉嫌传销。法治周末刊文质疑《致155人死亡! 比权健更甚的"天狮"为何屹立不倒?》。1月17日，界面新闻曝光无限极保健产品疑致陕西商洛女童心肌损害。1月27日，《华夏时报》揭秘更隐秘的百亿直销巨头尚赫。

出事的权健只是保健品行业的冰山一角。正如《法制日报》所评论，任何一个影响重大的舆情事件都不是单纯的个案，只有拔出萝卜带出泥，举一反三，才是真正对人民负责。公众对严查保健品行业传销乱象也充满期待。不少网友在社交平台猜测下一个倒下的"权健"，而被称作权健老师傅的"天狮集团"占据舆论榜首。

光明日报企鹅号刊文试图解释，保健品效果短期难现，消费者鉴别能力缺乏，导致保健品行业"不健康"。据《科技日报》报道，研究表明，我国药物性肝损伤发病率高于西方国家，而引起肝损伤的最主要药物中，各类保健品和传统中药高居首位。两个月后，北京商报网探访权健总部发现，昔日盛景已不复存在，一场健康骗局崩塌了。

2019年，网上不时曝出的猝死事件，提醒着人们"生命诚可贵"，推动人们健康意识的提升。11月27日凌晨，年仅35岁的演员高以翔在录制综艺节目时倒地猝死，登上各大社交网站的热搜榜。明星综艺节目成为舆论口诛笔伐的对象，心源性猝死则成为全网皆知的热词，热度空前。"我国每年心源性猝死者55万"这一据称来自国家心血管中心的医学统计数据，一跃成为新浪微博的热门话题。此后几天，媒体、网民都在反思，国内急救知识培训普遍不足、公共场所自动体外除颤器（AED）匮乏，健康风险管理已经到了刻不容缓的地步。

2019年，屡屡成为舆论焦点的疫苗供应短缺问题，背后即是消费者健康意识提高带来的疫苗消费升级。与此同时，增加免疫规划疫苗的呼声越来越高。4月25日是全国儿童预防接种日。这一天，澎湃新闻网、界面网等多家媒体报道，从2007年将甲肝、流脑等一批疫苗纳入国家扩大免疫规划后，12年来我国免疫规划疫苗没有再增加。红网刊文直呼"十二载未变的免疫规划疫苗该'扩围'了"。

暴发于年底的两场疫情，更倒逼人们转变健康观念，养成健康习惯。11月12日下午，一条关于"北京朝阳医院确诊鼠疫，大夫被隔离，医院急诊停诊封闭"的消息在微博和微信朋友圈流传。消息内容不多，却在网上炸开了锅，恐慌情绪迅速蔓延。《健康时报》、经济观察网等多家媒体派出记者前往朝阳医院探寻究竟。北京朝阳医院相关负责人接受采访表示，"患者已经转去了别的医院……没必要恐慌，一切尽在掌控中。"

然而，恐慌的消除需要更多的信息。当日深夜，北京官方发文，确认接收两名来自内蒙古锡林郭勒盟的鼠疫患者。13日，微信公众号"医点工作室"发表署名"朝阳医院 李积凤"的文章，以患者的首诊医生的身份，详细讲述北京朝阳医院的接诊及治疗经过。媒体纷纷以《鼠疫，你怕了吗？——北京肺鼠疫患者首诊医生有话说》为题转载。

实践证明，鼠疫面前，恐惧是摆脱不开的。网民开始猜测这两名内蒙古患者如何到北京就诊，担忧更多的人已经被传染了。14日早间，网上传出消息"北京儿童医院因肺鼠疫被封闭楼层""宣武医院发现一例鼠疫患者"，引发鼠疫已经在北京扩散的猜测。北京市卫生健康委深夜回应，两名来自内蒙古鄂尔多斯市的就诊患者为疑似患者，北京市组织专家力量进行了综合判断，排除鼠疫。

仅仅过了2天，11月16日，内蒙古锡林郭勒盟又确诊1例腺鼠疫患者，刚刚略有平稳的舆情再起波澜。当日晚，北京市卫健委通报称，此前在北京确诊的两病例中一名危重患者16日病情加重。有专家认为，这两名病例居住地所在镇动物监测一个月内共检出鼠疫菌12株，已说明"当地动物间疫情流行程度非常猛烈"。瘟疫扩散的担忧又一次升温。

与此同时，更多的科普文章在网上流传，果壳网、大象公会、西瓜视频等新媒体发布多篇热文，内容涉及中世纪的"黑死病"、鼠疫自然疫源地、预防与治疗等方面。不少网民惊讶地发现，憨态可掬的土拨鼠竟然是鼠疫致病菌主要携带者，投喂野生土拨鼠的旅游行为也不再被视作亲近大自然的正确选择。

鼠疫引发的舆论风波尚未平歇，一场更大的未知疫情又悄然来袭。12月30日，一份落款为武汉市卫生健康委员会医政医管处的红头文件——《市卫生健康委关于报送不明原因肺炎救治情况的紧急通知》在网上传开。不少网民猜测非典病毒卷土重来。第二天，武汉市卫健委通报，已发现27例病例，其中7例病情严重，多例肺炎病例与华南海鲜市场有关联。华南海鲜市场，也成为新京报、红星新闻、澎湃新闻等各路媒体记者的采访地。市场内的多位店主透露，是在网络舆情发酵后才知道市场内有多人感染肺炎的。虽然官方通报称"未发现明显人传人现象"，但是微信群中人们已经开始相互提醒减少外出、戴好口罩。

就在不明原因肺炎曝光的两天前，基本医疗卫生与健康促进法获全国人大常委会表决通过。我国卫生与健康领域第一部基础性、综合性的法律引发舆论欢呼。新华网称赞，人民的健康权利从此有了立法保障。健康界网站评论，法律的颁布让2019年成为中国卫生健康立法史上具有里程碑意义的一年。

网络篇

第十章　网络文化：兼容并蓄彰活力

2019年，互联网信息基础设施建设稳步推进，文化与科技融合发展方兴未艾，推动网络文化繁荣发展。纵观过去一年，网络舆情热点事件频出，网络文化氛围日趋成熟理性。网络主流文化展现出更强的传播力和影响力，持续引领时代潮流，网络亚文化呈现出蓬勃发展的活跃态势，网文、网剧、网游在海外频频发力，开启网络文化输出新纪元，充沛的网络舆情再次孕育出丰富的网络热词，形成一道多元文化景观。

第一节　网络主流文化：凝心聚力

2019年，网络主流文化展现出更强的传播力和影响力，主旋律更响亮，正能量更强劲，舆论氛围更趋理性，网络空间风朗气清。

唱响时代主旋律

2019年，主流媒体纷纷入驻短视频平台，网络主流文化展现出更强的传播力和影响力。央视节目《国家宝藏》在视频网站热播，再现国歌创作历程的一期引发网民"泪目"刷屏，网民说，"第一次知道原来光看弹幕就能让人眼泪汪汪"。

据移动互联网商业智能服务商北京贵士信息科技有限公司报告，2019年短视频用户规模已经超8.2亿，成为移动互联网信息传播的最主要方式之一。央视《新闻联播》正式入驻短视频平台抖音、快手，一天之内"暴风吸粉"引发关注。《人民日报》、新华社纷纷在接地气的短视频平台上登场亮相，和"快手老铁"们打成一片。

Vlog作为短视频一大新风口，内容逐渐由"消遣娱乐"演变为"'政'能量满满"。11月9日，央视主持人康辉的第一支Vlog火爆全网，一时话题无数。网民感慨"第一次知道中央台内部长什么样"，纷纷称赞其为"地表最强Vlog"。事实上，这已不是传统新闻媒体第一次试水Vlog。早在2019年的全国两会系列报道中，记者们就争相做起了时尚的"弄潮儿"，制作了不少为舆论热议的"两会Vlog"，打破了传统新闻报道的单向传播，拉近了媒体与受众之间的距离。

年末，一则"央视新闻入B站，段子手朱广权实力圈粉"吸引了广大舆论关注，瞬间登上B站、抖音、微博等各大社交媒体平台热搜。网民称"曾经'活在'B站混剪视频里的朱广权，这次真的来了"。观察者网、环球时报、中国日报、诸多地方共青团等机构也早已入驻B站，带来了大量主流新闻，使年轻受众"参政议政"热情高涨。

短视频还深度参与到传统文化传播中。其中，抖音以超凡的表现成为全国最大的非遗传播平台。数据显示，截至2019年底，1372个国家级非遗项目中，抖音上涵盖1275项，涵盖率达93%。传统文化通过嫁接新技术、通过视频获得新生的例子比比皆是。如千年古城西安，借助抖音短视频营销成为不折不扣的网红城市；故宫通过互联网营销，变身为超级大网红和新的文创IP；莫高窟借助"数字化"探索，成了世界遗产保护的典范等。一位名叫李子柒的"90后"古风美食播主更是将中国传统文化成功传遍了全球，广受欢迎。她凭借"岁月静好、田园牧歌"的原创视频在从国内一路火到国外，在国外视频网站拥有700多万粉丝，作品经常收获上百万乃至上千万的浏览量。央视、人民日报等主流媒体集体发声，称李子柒"创造了对外文化传播的奇迹"。光明网则称其为"民间文化使者"。

网络文学优秀作品不断呈现，担当起弘扬主旋律之大任。2019年，25部网文佳作获国家新闻出版署和中国作协联合推介，入选"庆祝新中国成立70周年"主题网络文学作品暨2019年优秀网络文学原创作品。其中，龚江辉的《大国重工》生动记录了改革开放以来的工业发展进程，场景宏大，张弛有度，洋溢着深沉浓郁的爱国激情，获得上千万点击量。全景式展现改革开放历程的《大江东去》是第一部获得"五个一工程"奖的网络文学作品，获得众多名人推荐，豆瓣评分高达8.9分。此外，流传广、评价高的网络文学作品还有，讴歌党、祖国、人民、英雄的《宛平城下》《太行血》《青春绽放在军营》等；表现普通人的奋斗精神的《朝阳警事》《一脉承腔》等。

2019年的网络电影兴起正能量与现实主义相结合的风潮，既赢得了市场，也赢得了尊重。讲述唐山大地震的《大地震》上线9天分账票房即破千万，一跃成为网络电影市场中的现实主义标杆之作。以"时代楷模"卓嘎、央宗姐妹父女两代人爱国守边先进事迹为题材的《我的喜马拉雅》获得8.0的豆瓣高评分。10月，中国电影家协会发布倡议，以"网络电影"作为通过网络发布的电影的统一称谓。腾讯企业号刊文称，从"网络大电影"到"网络电影"，标志着网络电影步入正规化、专业化。

凝聚社会正能量

2019年，主流媒体"暖新闻"佳品频出，彰显更加强劲的社会正能量。2月，中央电视台新闻联播《新春走基层》栏目，播出了《相约在零点37分》。

这段时长1分52秒的视频，用镜头记录了春运期间一对铁路情侣在零点37分于站台的匆匆一聚。视频在网上热传，被网民亲切地称为"神仙爱情故事"。浙江之声官方微博独家首发《女孩千里赶高考，遇上暴雨火车延误！关键时刻，铁路为她调度一列车》，女孩最终带着全网的期待和祝福按时进了考场。《燕赵都市报》则通过微博账号记录了"女孩鞠躬致谢让行公交""母子'消防日'前夕为消防员送蛋糕""100公斤桔子散落一地，众人自发帮捡"等河北当地的"平常事"，微小却温暖。新京报网、中新网等媒体通过官方微博、微信公众号、客户端等多渠道推送和跟踪报道"医生飞机上用嘴为老人吸尿""看一眼刚刚离世的父亲就立刻返回手术台"等反映医者仁心的事件，众网友纷纷泪目。

不仅是主流媒体，商业领域的网络空间也吹来阵阵暖风。1月，电影预告宣传片《啥是佩奇》一经公布，并刷屏了微博和微信朋友圈。这个不足6分钟的短片，讲述了一个农村老人在春节前给城里的小孙儿准备礼物的故事。短片中的老人，经过多方打听，终于明白孩子想要的佩奇其实是一只卡通猪，于是电焊、油漆……各种工艺齐上阵，终于用鼓风机做了一只"硬核佩奇"。网民直呼"这是中国人朴素的情感和当下流行事物的温馨碰撞"。几天后，导演贾樟柯的短片《一个桶》发布，同样在全网刷屏。短片讲述了一个过完年回城的青年，背着母亲仔细用胶布包好、装满了家乡风味的沉重的桶，一路舟车劳顿回到城市的故事。如果说《啥是佩奇》讲述了春节与家人的团聚，那么《一个桶》则是讲述了团聚后的离别，两个短片通过"情怀输出"引发轰动效应，在春节期间形成了一股温暖网络的"文化热流"。5月，华为手机P30 pro拍摄的竖屏电影《悟空》惊艳出世。片中农村小男孩为了去城里的电影院看《大闹天宫》，偷偷离家出走，独自一人穿过山林，遇到重重危机，却最终化险为夷。该片原本是"献给六一儿童节的礼物"，但网民结合华为被美国封杀事件，纷纷解读此片中"小男孩不顾一切地想要进城的样子，像极了华为三十多年来不顾一切的执着和奋斗",点赞华为"不忘初心,实现梦想"的不屈精神。

来自民间的网络文化以更接地气的内容及形式备受大众追捧。2019年初,河南省濮阳市一户人家拍摄的"四世同堂"短视频火了。15秒的视频里,从青春活泼的孩子到步履蹒跚的耄耋老人,四代人在一声声"妈"的呼唤声中依次出场。这温暖幸福的场面让境内外网民直呼"暖哭了!"。一时间,视频的内容,还引发了国内、国外网民纷纷模仿。3月,"夸夸群"走红全网。在夸夸群里,不管你发什么,都会收到其他群成员的夸奖。网民把"夸夸群"当作一个休闲娱乐平台,通过互夸逗乐,纾解生活压力。瞬间火爆起来的"夸夸群"形成了一股无规则地传递正能量的"夸文化"。

涵养理性舆论场

2019年,公共舆情事件引发的舆论场中,除了不满和谴责,辩证的分析、有依据的质疑也往往占据一席之地,推动网络文化氛围趋向理性。

演员翟天临博士论文被指抄袭事件可谓是2019年新年的"第一口大瓜"。在一段与粉丝的问答直播中,翟天临的一句"什么是知网",在网上炸开了锅。网上开始质疑其博士学位论文造假,有网民陆续爆料其硕士论文、高考成绩造假,至此翟天临的"学霸人设"彻底崩塌。人民日报、共青团等纷纷在社交媒体上批评"翟天临学术不端",涉事学校北京电影学院、北京大学也遭到舆论质问。事件最终以取消博士学位、取消博导资格等处罚结束。但事件的影响并未止于此。5月,已经在娱乐圈消失多日的翟天临突然被高校毕业生骂上热搜。原来,受事件影响,很多高校"论文查重"标准变得更加严格。

1月底,一篇题为《一个出身寒门的状元之死》的微信公众号文章一度在朋友圈刷屏。该文讲述了一名出身贫寒,后考入名校的市理科状元从高中到患病去世的经历，刺激阶层固化等社会焦虑情绪迸发。部分理性媒体和网民发现其中的细节和逻辑问题经不起推敲，开始质疑其真实性。果不其然，该文被证明系自媒体账号虚构编造。被套上"文字商人""搞精神传销"的咪蒙系列账号在各大平台的账号遭到关停。中央政法委微信公众号"长安剑"评论称，中国网民学会了追问和质疑，由网民们构建起对公共事件全面而充分的讨论空间，让操纵情绪者无处藏身。

4月10日，人类首张黑洞照片公布，刷爆朋友圈和各大媒体平台。蹭热点的不良行为也随之而来。11日上午，网上有人爆料黑洞的照片被视觉中国网站标注版权，需要付费才能使用。一时间"滥用版权保护"的声讨纷至沓来。还有网友扒出，国旗、国徽等受法律保护的图片竟然也成了视觉中国的"版权图片"。12日凌晨，官方发声，已责令停止违法违规行为全面彻底整改。很快，东方IC、全景网等国内知名的图片社也被勒令整改。

同样在11日上午，以做痔疮药著称的"肛泰"瞄上了"黑洞"商机，通过官方微博发布了一张黑色背景的海报。该海报图片中的黑洞阴影与黑洞照片相似度极高，海报文案称："有些洞太远，偶尔关心——有些洞很近，值得你时常关心"。肛泰的行为引发舆论不适，网民纷纷谴责其恶意营销且涉嫌侵权。

10月，"英货车39具遗体事件"引发国际关注。起初，一些西方媒体将还没有核实的39位死亡者的个人身份全部定性为中国人，大肆谈论"中国贫困人口偷渡问题"。然而，在遇难者越南籍身份被披露后，这些自称是"正义使者"的"西方媒体"却集体消声，报道从不提"越南"二字，口吻也变成了"寻求真相"。在国际社交媒体平台上，大量中国网民有理有据地谴责这些西方媒体的"选择性失明报道"，展现了理性爱国的形象。

11月，南京发生滴滴快车司机持刀伤人事件。司机与乘客疑因行驶速度发生争执，司机刘某将随身携带的匕首刺入乘客右臂。人民网舆情观察注意到，与此前网约车安全事件发生后，舆论关注乘客权益的"一边倒"态势不同，此次舆论出现了更多理性的讨论，如"乘客要求司机在隧道路段加速行驶系不合理要求""双方都有错，司机私藏刀具构成犯罪了"。网民主观判断能力和诉求有所提高，拒绝盲目站队，要求理性看待事件的言论占据主流。

2019年，网络付费产品用户迅速增长，引发各界对网民版权意识的讨论。9月11日深夜，歌手周杰伦的最新单曲《说好不哭》上线，歌曲的收费试听模式并未挡住歌迷的热情。歌曲瞬间登顶各大网络平台，发行平台之一QQ音乐甚至因为访问量太大出现短时瘫痪。有评论称，周杰伦打响数字音乐付费第一枪，新歌现象级热卖验证了音乐付费的真正意义。还有评论认为，《说好不哭》开启了音乐付费元年。似乎是受网民热情的鼓动，爱奇艺、腾讯视频等平台探索超前点播新模式——多付费就可以提前看到热播网剧的更新。不过，这一模式在"损害用户权益"的争议中无果而终。

第二节　网络亚文化：蓬勃发展

2019年，粉丝文化、圈层文化、表情包文化等各类网络亚文化蓬勃发展，为网民带来无尽欢乐、为商家带来无限流量，同时也产生了一些负面效应，有待积极引导，兴利除弊。

粉丝文化：利弊参半

根据娱乐大数据服务商艾漫数据的报告，2019微博平台的娱乐明星粉丝数量再创新高，突破192亿人次。庞大的粉丝群体孕育出独特的粉丝文化。2019年，粉丝文化催生出"网红带货""粉丝打榜"等文化现象，推动"粉丝经济"继续快速发展。据央视财经报道，中国的追星族超过5亿人，其中36%的人表示愿意每月为偶像花费100元—500元，年市场规模高达900亿元。①

2019年，直播带货现象火爆，显示出"粉丝经济"的巨大潜能。短视频社交导购平台美逛发布报告显示，83%的年轻消费者购买决策的主要影响因素是身边及各平台的"网红""达人"的"种草分享"。论2019年直播带货的代表人物，非李佳琦和薇娅莫属，二人凭借超强的带货能力迅速走红。在天猫双11预售首日，薇娅和李佳琦拿下当晚"巅峰主播榜"前两名，几小时里围观人数高达千万级别。"淘宝口红一哥"李佳琦的魔性话术"Oh my god!买它！"，甚至成为网络流行语。消费欲被撩动的网民表示，"天不怕、地不怕，就怕李佳琦说Oh my god！"连交警、消防员都竞相模仿，借用李佳琦式解说来做宣传教育，获得非常好的传播效果。

"饭圈"（即粉丝组成的圈子）利用互联网实现了更强的组织性，在为偶像维护形象、创造经济收入等方面发挥着重要作用，还对整个文化生态产生重要影响。2019年，一场"饭圈"之间的"战斗"将粉丝文化推入了大众的视野。7月，有网友质疑周杰伦微博粉丝数据那么差，人气不行。自嘲为"夕阳红粉丝团"的周杰伦粉丝"杰迷"们被这条信息所激怒，为了维护偶像的地位，宣誓帮周杰伦拿下微博超话榜。已连续四百多天占据微博超话榜首的蔡徐坤粉丝"ikun"则开始了"榜首保卫战"。"杰迷"和"ikun"在微博超话中的"战斗"异常激烈，最终以周杰伦积分突破1亿、创造微博明星超话的历史记录结束。两种粉丝群体的冲突持续占据了社交平台的舆论场。

2019年底，北京互联网法院发布《"粉丝文化"与青少年网络言论失范问题研究报告》显示，在北京互联网法院审理的明星诉网友侵害名誉权案件

---

① [第一时间]早间秀·洋洋大观 追星产业：你我本无缘 全靠我花钱http://tv.cctv.com/2019/07/27/VIDEukfGzxShCsuDKw3sG3aR190727.shtml.

中，七成被告为30岁以下青少年，案件多因"粉丝骂战"引起，背后牵扯的是明星们巨大的流量利益。而"蔡徐坤1亿转发量幕后推手被端""林俊杰的吊水针头被出售"等话题也屡屡引爆网络。《人民日报》称，面对如此庞大的文化消费群体，迫切需要积极向上的引导，形成健康的粉丝文化，使其成为"主流"。光明网刊文期待，在全面法治和公共治理现代化的进程中，粉丝文化有流量有底线，迎来多元文化的风光盛景。

圈层文化：破圈融合

随着互联网普及程度的提高及其对社会生活的深度浸透，圈层文化的壁垒逐渐模糊，正逐渐进入大众视野，成为舆论关注的热点。[①]2019年，圈层文化不断用"破圈""出圈"刷新着舆论的眼球，在小众和大众之间凸显各圈层文化破圈融合之势。

2019年夏天，《这就是街舞2》《乐队的夏天》等综艺节目的热播，让"破圈"一词首度出现在公众的面前。尤其是现象级综艺《乐队的夏天》，成为最具话题性的综艺节目，甚至获得了人民日报、光明日报、新京报等官媒的高度肯定。该综艺节目主打怀旧情怀的内核，突破圈层传播，不仅勾起"70后""80后"甚至"60后"的音乐记忆，还让"90后"和"00后"爱上了被认为是小众的乐队文化。

在香港反修例乱局之际，演艺界人士纷纷发表力挺香港警察的言论，被"港独"分子列为攻击目标，激怒了"饭圈女孩"。为维护自家偶像，"饭圈女孩"自发联合，在境内外社交媒体发声，纷纷为祖国打call，"守护全世界最好的阿中（"饭圈女孩"对中国的爱称）"。"我们都有一个爱豆名字叫阿中"

---

① 客观理性地看待圈层文化http://pkunews.pku.edu.cn/mtbdnew/398374683c3e4973b6e20c5d9bc-c754f.htm.

一度冲上微博话题榜首。随后，帝吧也加入应援"饭圈女孩"，发起"力撑港sir，护我中华"的"爱国青年网络出征"活动，发出"止暴制乱""严惩暴徒"的呼声。这场自发的爱国主义行动燃爆全网，《新闻联播》《人民日报》、共青团中央等官方媒体平台纷纷报道给予肯定，一时间"新闻联播cue饭圈女孩、帝吧网民"等话题相继登上微博热搜榜。在国庆之际，"饭圈女孩"和帝吧再次携手出征为祖国庆生。有评论认为，原本没有交集的两个圈层群体用自己的方式表达爱国之情，体现各圈层文化对于社会主流价值的热情和认同。

2019年的跨年之夜，视频弹幕网站哔哩哔哩（英文名称：bilibili，简称B站）用一场跨年晚会刷爆社交网络。6天之中，晚会回放量超过了6700万，弹幕数达244万。B站跨年晚会不仅得到网民自发性在微博、知乎、虎扑等社交论坛上的宣传讨论，还引起了包括人民日报、共青团中央在内的主流官媒的关注。网民高度评价为"时代盛宴"，堪称是"年轻人的胜利"。对于晚会成功的原因，搜狐网分析认为，晚会在保留小众特色的同时，融合了多元的文化圈子，不仅有过去一年在B站广泛流传的二次元视频、动漫、影视和游戏等经典作品，同样还有主流文化知名明星歌手助阵。

表情包文化：持续火热

曾入选2016年度中国媒体十大新词的表情包，已经形成一种文化。"文字不够，表情来凑"反映了当下"无表情不社交"的互联网社交状态，表情包文化已成为一种无法忽视的网络文化现象。

据统计，微信用户每天通过表情商城下载发送的表情包次数超过6亿次。腾讯QQ发布《00后在QQ：2019 00后用户社交行为数据报告》，令"00后最常用的表情"登上了微博热搜榜第3。年末，腾讯发布《2019微信年度数据报告》，报告中的表情排行榜再次成为热议对象，各个年龄段的网民纷纷在微信朋友圈转发，分享自己的表情排行榜。12月23日，微信推出版本更新，新增功能"朋友圈评论区支持表情包留言"获得广泛关注。网民纷纷表示"终于可以在评论区斗图了"。此后该功能测试后暂停，引发了不少网民的惋惜。

2019年末，"2017与2019对比图"刷屏朋友圈，该话题发布约20小时后阅读量和讨论热度骤然攀升，登上微博热搜。网民乐此不疲地在各大社交平台上晒出自己的2017年和2019年的对比照，成为个人年终总结的表情包。由晒出高颜值美照，到画风走歪，有的晒钱包余额"从2017一无所有到2019两手空空"，有的晒成绩"从2017成绩在纸上到2019成绩都在腰上"等等。相关话题不仅吸引了普通网民，还有许多网络大V和部分高校官方平台也参与其中。

2019年，一些"恶搞表情包"也不时引来争议。随着电视剧《都挺好》的热播，"苏大强表情包"火遍网络。网民通过苏大强在剧中的经典台词"这事儿不能怪我""我想喝手磨咖啡"等吐槽生活状态，表达不开心、心痛、无助等情绪。各大电视节目、商家广告、微博营销号也争相改编，"苏大强表情包"被"玩儿坏""苏大强表情包作者不心疼版权"等话题登上了微博热搜。

第三节　网络文化输出：扬帆海外

2019年，网络文化，网文、网剧、网游频频发力，不断在海外"圈粉"，成为网络文化出海的中坚力量。从形式到内容，网络文化开启了出海新纪元，彰显了中国文化的魅力，提升了中国文化的国际影响力。

网文强势输出

2019年，可谓是中国网络文学强势输出之年。由光明日报、腾讯公司、京东集团共同发布的《"思想文化大数据实验室"2019城市阅读报告》显示，中国网络文学已经成为"文化出海"的重要力量。艾瑞咨询发布的《2019年中国网络文学出海报告》显示，目前中国网络文学出海覆盖40多个"一带一路"沿线国家，已上线了英、法、日、韩、俄、印尼、阿拉伯等十几个语种版本，潜在市场规模预计达到300亿元以上。

通过中国网络小说了解中华文化、感受中国精神，成为众多海外读者的"新时尚"。根据艾瑞咨询2019年最新研究报告，67.4%的海外网络文学读者认为中国网文"值得一读，根本停不下来"。由于极具东方文化色彩，武侠玄幻小说在海外极受热捧。2019年获得"白金"作家横扫天涯的玄幻作品《天道图书馆》在起点国际一上线便长期占据海外点击、推荐榜双榜第一。在国外最大的中国玄幻网络小说翻译网站"WuxiaWorld"（武侠世界）每天都有400万到500万浏览量。有"网文之王"美誉的《元尊》5月登录"武侠世界"，英文版连载一上线便得到海外粉的热烈追捧。作者"天蚕土豆"的其他作品英文版《斗破苍穹》《武动乾坤》也在"武侠世界"网页版占据最受欢迎排行榜前五名。

越来越多的"老外粉"加入了网文的创作大军，标志着"网文出海"迎来"3.0时代"。当前，起点国际海外原创作者已超4.5万人，共审核上线原创英文作品7.2万余部。诸多作品在平台上人气颇高，例如新加坡作者的《第一秘境供应商》、印度作者的《我的美少女将军》、美国作者的《虚无进化》等。这些作品的世界观架构大都深受中国网文影响，蕴含奋斗、热血、努力、尊师重道、兄友弟恭等中国文化元素。此外，都市品类、军事、二次元等题材都将在海外继续发力，网络小说输出呈现多元化。阅文集团CEO吴文辉表示，"中国网络文学以小说作品的形式演绎了中国文化文学的魅力，并借助了互联网高效快捷的传播形式，很容易被海外读者尤其是年轻人接收和接受。"

网剧刮起"华流"

2019年，中国网络电视剧又在海外刮起一股"华流"，在满足国外观众在刷剧娱乐的同时，也成为了解中国人文情怀的又一窗口。据国家广电总局相关负责人介绍，在中国电视剧已出口到全球200多个国家和地区，有1600多部中国优秀影视节目被译制成英语、法语、俄语、阿拉伯语、缅甸语等36种语言在全球100多个国家实现落地播出。网络电视剧更是实现了从电视台到海外新媒体平台的全覆盖。

《长安十二时辰》凭借剧中浓烈的"唐风古韵"，表现出的"价值美"成为国内外"爆款"。目前已在越南、新加坡、马来西亚、文莱的新媒体平台紧跟大陆同步上线，在海外视频平台以"付费内容"形式在北美地区上线。据优酷介绍，这是出海国产剧"首次进入包月付费区"，实现了华语剧的重大突破。被称为"颜值爆款"的电视剧《陈情令》，则以具有古典韵味的场景和道具充分展现了国风之美，成为国剧评分人数第一的电视剧，并首次入围全球50大电视剧。人民日报发文表扬该剧——书写国风之美，传递文化自信。该剧已在腾讯视频海外站WeTV（泰国、印尼等国家和地区）同步播出，话题登顶泰国社交媒体热搜第一，并在评论区收获一致好评。2019年岁末跨年之作的《庆余年》同样收获了国外粉丝大量好评。在某海外视频平台上的单集播放量达66万。此外，大型英雄成长励志剧《九州缥缈录》被外媒争相报道点赞，路透社称赞其为"优秀的东方史诗剧"。

现实主义剧集、青春励志纯爱等题材也大受海外粉丝热爱。网台联播大剧《都挺好》打响现实题材第一枪，单集在境外视频网站热播的播放量就高达百万。英国《经济学人》周刊网站分析称，《都挺好》真实反映现实，戳中了当代观众的"痛点"。由真实大案改编的《破冰行动》在全网掀起一阵"破冰热"。据悉，该剧已被HBO亚洲旗下亚洲电影频道购入海外多国版权，将在东南亚11个国家及地区频道上播出。青春励志剧《亲爱的，热爱的》可谓火遍全球，被誉为"糖尿病"级别甜剧。该剧还收到国家广播电视总局点名表扬，在维基百科和亚洲影剧资讯网站MyDramaList上的评分高达9.6、8.8分。电竞题材青春励志剧《全职高手》被海外最大的视频网站奈飞买走版权，将在全球100多个国家同时上线。业内专家认为，国产影视剧迎来了"出海"黄金期，越来越多的海外观众开始通过影视剧了解中国文化。

网游渐受青睐

2019年，游戏版号审批重启，游戏行业向成熟化不断演进，显现出回暖的趋势，游戏出海规模也达到历史新高。根据《2019年中国游戏产业报告》显示，2019年中国游戏市场及海外市场游戏出口收入共计3102.3亿元，增幅达到10.6%，其中海外市场占比25%，国内市场占比75%。

2019年中国自主研发游戏成绩名列前茅。伽马数据在《2019年中国游戏产业年度报告》中指出，2019年中国自主研发网络游戏海外市场实际销售收入达到111.9亿美元，约合772亿元（如图10-1）。这是中国游戏厂商在海外市场首次取得百亿美元收入。其中，移动游戏产品出海成为主要增长动力，不断收获海外玩家的好评。伽马数据研究还显示，目前中国自主研发的移动游戏在美、日、韩、英、德等国家的流水同比增长率均高于该国家移动游戏市场的增速，国产移动游戏在海外市场已经建立起一定优势。根据市场研究机构Sensor Tower的数据，腾讯开发的战术竞技手游《PUBG Mobile》及《和平精英》目前全球App Store和Google Play的总收入已突破15亿美元。12月，被视为游戏界"奥斯卡"的年度重要奖项The Game Awards（简称TGA）公布了获奖名单，其中，中国制造的《使命召唤手游》获得年度最佳移动游戏。腾讯旗下的《王者荣耀》和沐瞳科技旗下的《无尽对决》两款游戏长期处在东南亚各地区的畅销榜前三；网易旗下的《荒野行动》因人设与美术风格较符合日本的审美而备受欢迎。

图10-1　中国自主研发网络游戏海外市场实际销售收入

数据来源：伽马数据（CNG）

随着国产自研游戏出海势力不断强大，海外玩家对承载中国文化元素的游戏越来越感兴趣，带有中国故事的游戏产品也日益受到青睐。以网易游戏和故宫博物院合作开发的一款《绘真·妙笔千山》手机游戏为例，这个用传世名画《千里江山图》为蓝本的游戏，融合了《山海经》《镜花缘》等经典神话志怪传说中的剧情，自上线以来获得北美、英国、法国、澳大利亚等多个国家和地区的应用商店推荐，备受国外玩家的青睐。同样以中国传统文学著作为题材的《率土之滨》，被日本游戏媒体誉为"全球第一三国手游"。据应用分析公司App Annie数据库显示，该游戏位于全球手游畅销排行榜前10名。在专家看来，中国游戏在海外吃香主要在于中国传统文化元素吸引力强、游戏开发考虑玩家背景差异、游戏产业专业化程度提升、中国的国际影响力扩大等因素。

第四节　网络热词：推陈出新

2019年，网络热词不断推陈出新，成为持续记录社会情绪的语言符号。其中，爱国主义热词明显增多，成为网民表达爱国情感的生动载体；时政类热词屡登各大榜单，反映了网民对国家公共议题的关注度提高。无论是正能量表达，还是自黑自嘲，都聚合起网民的共同关注和相异观点，形成新颖独特的多元文化景观。

图10-2　2019年网络热词云图

爱国主义网络热词丰富，凸显舆论爱国底色。国家语言资源监测与研究中心发布"2019年中国媒体十大流行语"中，"我和我的祖国"位居榜单之首。中新网评论称，这句流行语成为每一个中国人彰显国家自信、表达爱国情感的生动载体，迸射出"一刻也不能分离"的磅礴力量。《语言文字周报》发布的十大流行语中，"阿中"这一饱含网民对祖国的浓浓深情的热词入选。同时，"新中国成立70周年""我爱你祖国""国庆大阅兵""1949和2019""14亿人为你庆生"等热搜词在国庆期间刷爆了各大社交媒体。"香港是中国的香港""阿sir挺你""14亿护旗手""大批香港市民自发上街撑警""爱国留学生起立唱国歌表抗议""中美女主播跨洋辩论""庆祝澳门回归20周年""香港回归22周年""纪念五四运动一百年"等热搜词连接登场，折射出排山倒海的爱国情。

时政类热词屡登各大榜单，反映亿万网民对国家公共议题关注度的提高。一年中，"中美建交40周年""中俄建交70周年""中韩建交27周年""G20峰会""2019北京世园会""嫦娥四号登月""大兴机场启用""山东舰入列"等词语屡上热搜，见证了网民与祖国共奋进的历史时刻。《咬文嚼字》发布的2019年流行语中，"文明互鉴"进入榜首。南方网解读称，"文明互鉴"成全球热词，说明"中国声音"在全球范围内的反响越来越热烈，是中国在世界舞台上话语权增强的体现。"霸凌主义""中美经贸磋商"等热词，则反映了网民将视野投向了社会与国家发展。百度沸点公布的科技热词榜中，"AI""5G""VR""智能家居""物联网""刷脸支付"等成为最受中国网民关注的科技领域热词，反映网民对中国硬核实力的自豪骄傲。而"学习强国""最美奋斗者"热词体现了网民期盼个人奋斗与国家的发展与进步同频共振的期望。人民网评价，公共话题、宏大叙事频繁进入网络语言体系，反映出网民对于国家公共议题的强烈关注，也是网民们爱党、爱国、爱改革开放、爱中国特色社会主义、爱和平发展、爱新时代的充分肯定。

网络热词依然呈现正能量与自嘲并存态势。进入三大热词榜单（即国家语言资源监测与研究中心、《咬文嚼字》和《语言文字周报》）的"道路千万条，安全第一条"，是本年度入脑入心的正能量网络热词，掀起了全民造句的热潮，如"工作千万条，靠谱第一条""祝福千万条，健康第一条"等充满正向价值引导的语句。"硬核"被官方频频运用，央视网"国庆'硬核'表白"、每日经济新闻"硬核科普"等主流媒体的新闻标题都表现了网民油然而生的钦佩、敬意之情。"融梗"引起网民对版权保护与内容创作表达规范的重视。"我不要你觉得，我要我觉得"流行语，反映了人们对不合理现象的批评态度，也是从另外一个角度弘扬了正能量。

同时，网民调侃吐槽和善意的自嘲，仍是流行语主要的使用情景。2019年，"996""我太难了""社畜""9102""断舍离"等热词把舆论视野拉回了"扎心"的现实，反映了网民压力中生存"戳心"的心理状态。面对"菜篮子"价格飙升现象，从最初的"车厘子自由"到"猪肉自由""买不起、吃不起"被网民集体吐槽，一时间"精致穷"成为当代年轻人的标签。还有表示叹气或恍然大悟的"害"，"咱也不知道，咱也不敢问"表达了无奈和调侃的心情。但"光想青年""倔强式单身""退役熬夜员""退休预备员"等讽刺式的幽默语言，成了当下年轻人排解生活压力的一种方法。"上头""好嗨哟""夸夸群""奥利给""可"等表达网民自信乐观态度的热词也不乏少数，体现了网民在吐槽生活之余开始正视生活，通过自嘲的方式转化成了"满满正能量"。

纵观过去一年，网络文化正成为聚集优秀文化的高地，推动社会主流价值观积极向上向善，营造出风清气正的网络空间。未来，随着网络的普及和网络技术的更新换代，网络文化也必将更加繁荣，为人类文化献上更美丽的互联网之花。

第十一章　网络技术：革新聚变育未来

2019年，在美国技术封锁与多国合力打压下，我国网络技术破浪前行，5G、区块链、人工智能等领域喜讯频传，在若干重点技术上我国领跑全球，引发国际社会关注。在技术的热潮下，虽然技术误用、滥用、炒作等隐忧与风险不时涌动，但是就像风浪无法阻挡巨轮远航，2019年，网络技术融合、场景融合孕育出无穷动能，展现出无限风光。

第一节　逆境崛起实力初现

2019年，中美经贸摩擦持续焦灼，华为成了焦点之一。美国政府先后打出两记"组合拳"企图遏制其发展。5月15日，美国总统特朗普签署行政令，禁止美国政府和企业采购华为设备，并将其列入一份所谓的"实体名单"。5月16日，美国商务部下令，禁止华为及其旗下70余家公司从美国企业购买技术或配件。在美国的"威逼利诱"下，意大利、加拿大、英国等国家也纷纷表示抵制华为5G设备。

屡遭打击的华为可谓我国高科技产业的一个缩影。2019年以来，美国政府围绕我国高科技企业和科研院所的技术封锁、围堵打压日趋明显。特朗普政府对我国加征关税的清单，大多瞄准《中国制造2025》的十大重点领域，推动形成中美"高科技脱钩"的战略意图显现。

然而，美国的重重技术封锁与多国的合力打压并没能将我国高科技产业带入"至暗时刻"。恰恰相反，这些产业在高压下迸发实力，创造出多个全球瞩目的"高光时刻"。

激烈角逐中5G开其规模

2019年6月，工业和信息化部向中国电信、中国移动、中国联通和中国广电发放了5G商用牌照，标志着我国正式进入了5G商用元年。信息技术研究和顾问公司Gartner发布的2019年新兴技术成熟度曲线指出，5G已经进入"技术膨胀期"，将引领未来。福布斯给出的2020年十大科技趋势评论中，5G技术以其迅猛的发展速度以及随之而来的落地应用，稳居榜首。互联网数据咨询公司IHS Markit认为，5G的诞生能够比肩印刷机、电力以及蒸汽机的发明，2020年至2035年5G创造的实际国内生产总值将相当于印度的经济总量。在新媒体"封面新闻"给出的2019年十大商业科技热词盘点中，5G还被评为了流量级网民热议商业现象。

也正是如此，5G成为世界各国的"必争之地"。根据IHS Markit数据显示，美国、中国、日本、德国、韩国、英国和法国等七个国家处于5G发展的前沿。根据美国无线通信和互联网协会（CTIA）2019年4月发布的《全球5G竞赛》显示，我国和美国在全球5G竞赛中并列第一，领跑全球。美国总统特朗普表示，"5G竞赛是一场美国必须要赢得的比赛"。

在美国，家庭宽带成为最受关注的5G应用之一。美国四大移动运营商纷纷开始部署5G，在部分重点城市推出了5G固定无线接入服务。然而，现有部署仍存短板——当前四大移动运营商的部署城市重合度高，对地域广博的农村地区支持度较差。在示范应用方面，美国电话电报公司（AT&T）开始探索基于4K视频的安全监测、基于虚拟现实和增强现实的员工培训及定位服务。5G也开始与虚拟现实、增强现实融合应用于医疗领域，帮助临终患者减少慢性疼痛和焦虑。美国联邦通信委员会还采取了系列举措促进5G技术向精准农业、远程医疗、智能交通等方面渗透，设立了240亿美元的"乡村数字机遇基金"和90亿美元的"5G基金"。

着眼国内，5G网络部署工作也已展开。当前，三大移动运营商纷纷选定首批试点城市并开始测试。首批试点覆盖北京、上海、广州、成都、兰州、雄安等近20个城市或地区，纵穿南北、横贯东西。在5G的部署进程中，我国技术创新活跃。据专利统计领域权威公司IPlytics的报告显示，我国企业5G专利申请数量位列全球第一，占比高达34%。其中，华为更是凭借1970件专利声明位居全球企业第一，占比达到17%。中兴和大唐紧随其后，分别以1029件和543件专利位居全球第六和第九。中国5G研发处在了全球公认的领先梯队。此外，在5G终端研发方面，国内厂商呈现出"百花齐放"之态。华为、中兴、OPPO、VIVO、小米都已发布5G手机，并将在2019—2020年陆续面市。

在示范应用方面，各大运营商也已着手在重点城市、典型领域开展试点。中国移动牵头成立了全球5G联合创新中心，设立了23个开放实验室，面向14个垂直行业，拟打造涉及智慧交通、大视频、智能机器人、智慧能源等领域的示范应用。中国联通设立了5G创新中心，下设新媒体、智能制造、智能网联、智慧医疗、智慧城市等10个行业中心，并编制了六大行业5G工作指引。中国电信积极推进智慧景物、智慧交通、智慧生态、智慧党建等十大行业应用。在中国信息通信研究院发布的《5G应用创新发展白皮书》中指出，超高清视频、虚拟现实/增强现实、无人机、工业互联网、智能电网、智慧医疗、车联网、智慧教育、智慧金融、智慧城市等有望成为我国5G十大先锋应用领域。

顶级加持下区块链创新成潮

2019年10月，在中央政治局第十八次集体学习中，习近平总书记强调，"把区块链作为核心技术自主创新的重要突破口""加快推动区块链技术和产业创新发展"。最高层的前瞻性部署让本就火热的"区块链"领域开始沸腾。人民网在"2019年习近平总书记带火的热词"盘点中将"区块链"列为其中之一。《咬文嚼字》编辑部在发布的2019年十大流行语中，将"区块链"列于第二位。

放眼国际，2019年最值得关注的区块链"大事"之一莫过于脸谱推出加密货币Libra（巴比特）计划。2019年6月，脸谱旗下全球数字加密货币Libra官方网站正式上线。Libra的发布被认为是继2008年比特币诞生以来区块链领域最重磅的事件。由Libra白皮书可知，其"让全球17亿无法接触金融服务的人以低成本方式便捷享受金融服务"的愿景瞄准了金融设施不发达的发展中国家，尤其是货币信用不足的国家。《2019腾讯区块链白皮书》指出，若Libra落地，将大大影响全球支付行业甚至整个金融行业的格局，这不仅会直接影响到传统金融机构，还会影响到拥有相对完整支付生态的互联网公司，腾讯、阿里等也将受到"降维打击"。

回看国内，2019年在区块链产业投融资活跃度低位运行的背景下，技术创新依然活跃。中国信息通信研究院的数据显示，资本环境的趋紧传导到了区块链投融资交易中。2019年1月—8月区块链企业种子轮、天使轮、A轮投融资交易273笔，共计6.74亿美元，均低于2018年同期的374笔和9.69亿美元。然而，资本的遇冷并没有影响我国区块链企业的创新热情。在全球公开区块链专利的申请中，我国以1.8万余件的申请数量居于全球之首，是美国的三倍多；阿里、联通等企业的申请数量分别位居全球企业榜的第一位和第五位。这些专利多聚焦于共识算法、用户管理、海量数据并发处理、账户安全管理和风险控制等方面。

在创新热潮下，区块链并未仅仅停留于研究，更是脱虚向实，延伸到了各行各业的应用中。

在区块链与实体产业融合方面，存证在公益、政务、医疗等领域落地。在公益领域，2019年3月，上海静安区"静安体育公益配送"平台正式上线，该平台利用可信区块链系统解决了公益配送环节中的信用问题，保证了配送资金的安全性和透明性。在政务领域，2019年3月起，重庆市工商局新注册登记营业执照全部加入政务区块链，并发出了第一张基于区块链技术的电子营业执照，最大限度地减少了办事企业重复提交证照和证明材料、窗口工作人员反复审核的成本。在医疗领域，2019年4月，安徽省立医院和上海第一人民医院上线了区块链电子病历，解决了传统医疗电子病历系统安全性差、共享难、隐私保护性差的问题。

在区块链"擅长"的金融领域，落地应用更是成果显著，在供应链金融、资产管理、跨境/行支付等方面涌现了大量落地案例。在供应链金融方面，2019年1月，蚂蚁区块链发布了供应链协作网络"蚂蚁双链通"，解决了制造业中小企业的融资难题。在资产管理方面，2019年2月，京东数字科技推出了资管科技系统"JT2智管有方"，利用区块链技术帮助投资人摸清底层资产状况，提高投资效率。在跨境/行支付方面，2019年4月，中国国投国际贸易有限公司所属的南京公司完成了内地首笔基于区块链技术的跨境信用证交易，标志着区块链技术在推动贸易数字化的进程中又迈进了一步。

热度升温中人工智能优势渐显

2019年，"人工智能"一词可谓年度高频词。李克强总理第三次在政府工作报告中提及了人工智能产业的发展。在百度发布的"百度沸点2019年度榜单"中，"人工智能"更是高居榜首，成为最受中国网民关注的科技领域热词。立足国内，环看全球，着眼人工智能的"三驾马车"——数据、算法、算力，虽然我国人工智能产业整体实力仍落后于美国，但已呈现出追击态势，并逐渐显露优势。

在数据层面，我国拥有最为庞大的数据规模和丰富的应用市场。我国网民规模位居世界第一。《中国互联网发展报告2019》显示，截至2019年6月，我国网民规模达到8.54亿，互联网普及率达到61.2%。巨大的网民规模意味着坚实的数据基础，也意味着我国人工智能技术与应用面临着更多维、更多元的可能，这为人工智能算法升级以及应用场景扩展提供了良好的基础。

在算法层面，我国开始在人工智能核心技术中拔得头筹。德勤科技发布的《全球人工智能发展白皮书》指出，虽然在自然语言处理、计算机视觉等领域我国仍落后于"龙头老大"美国，但在语音识别领域，我国技胜一筹。目前，百度、科大讯飞、搜狗等主流平台的语音识别准确率均在97%以上。阿里巴巴的语音人工智能技术更是超越谷歌，入选"麻省理工2019年全球十大突破性技术"。目前该技术已融入快递、客服、火车站购票等多个场景。在2019年的"双11"网络购物节，基于语音人工智能技术的"阿里小蜜"承担了全平台97%的客服咨询，完成了3亿次在线咨询服务，相当于8.5万名人工。

在算力方面，2019年成为中国人工智能芯片腾飞的一年。虽然高端芯片仍是我国的短板，但行业整体展现出了勃勃生机。在研究方面，清华大学类脑计算研究中心研发的新型通用人工智能芯片"天机芯"登上了世界顶级学术杂志《自然》封面，实现了中国芯片和人工智能两大领域在《自然》杂志中论文数零的突破。在业界应用方面，以阿里巴巴、华为和寒武纪等为首的业界领先科技公司也已进入芯片领域。阿里巴巴在2019年度云栖大会上，推出了首款自主研发并成功量产流片的人工智能芯片——含光800，目前该芯片已用于阿里内部视频图像识别、分类、搜索等多个大规模应用。华为也在

2019年连续推出了四款人工智能芯片——麒麟810、麒麟980、昇腾310和昇腾910，掀起了手机人工智能芯片竞争的序幕。寒武纪则推出了云端人工智能芯片中文品牌——思元、第二代云端人工智能芯片——思元270及板卡产品。

2019年也是人工智能全面落地的一年，产业智能化已贯穿于制造、金融、教育、医疗、政务、交通、公益等多个领域。其中，在交通和教育领域发展迅速。在交通领域的无人驾驶应用中，我国在互联和无人驾驶测试等两大技术上可以与处于世界领先地位的美国匹敌。在互联方面，华为的5G技术提供了一流的通信支持。在无人驾驶测试方面，北京、上海、深圳、重庆等城市已经为百度等科技公司颁发了无人驾驶测试牌照并提供测试场地。这些公司也已开始与北汽、比亚迪等国内车企开展合作。在教育领域，虽然人工智能教育在国内刚刚起步，但市场发展节奏极快。主打中小学在线辅导的"松鼠AI"年度营收超过5亿元，位列全球人工智能高增长企业第6位。各类教育企业也纷纷着手布局人工智能技术，新东方、好未来等企业纷纷通过投资或自建方式入局人工智能自适应教育平台。

第二节　繁华背后隐忧频现

伴随商业化进程的加速，新的网络技术正从实验室走入社会生活的方方面面。在给人们生活带来舒适和便捷的同时，新技术的误用、滥用与炒作滋生出一些安全隐忧，引发了法律、伦理等方面的新问题。

炼金术还是化学，人工智能技术遭误用质疑

伴随着人工智能技术的发展，大量高精度预测模型涌现。一些模型可以

得出漂亮的结果，却难以解释结果如何得出。解释性的缺乏使得部分人工智能技术饱受诟病，在应用中被指有失客观、公平和透明。

在美国司法领域，越来越多的机构对人工智能跃跃欲试。2018年9月，美国加利福尼亚州通过一项法案，使用基于人工智能的风险评估工具替代保释金制度，即被告在候审期间被释放或被关押的决定由人工智能算法给出。法案一经推出就遭到了美国科技巨头的反对。在对算法深入研究后，由苹果、亚马逊、谷歌、脸谱、IBM和微软等六大科技公司组成的人工智能联盟（The Partnership on AI, PAI）于2019年4月正式发布报告指出，旨在帮助警方确定保释、假释或缓刑的算法，由于缺乏解释性和客观性，存在偏见、不透明，甚至是无效的。一个典型的案例为被称作再次犯罪率人工智能预测模型。虽然在测试阶段，模型表现出了高预测精度，但在实际应用中，模型算出的没有任何犯罪记录的黑人的危险性远大于有犯罪记录的白人，因此被指带有种族歧视倾向。

在人类决策日益被人工智能帮助和取代的今天，可解释并且可信的技术为应用所需要。业界和学界对"可解释性人工智能"的关注在2019年达到新高。联想研究院人工智能实验室在2019年度人工智能产业峰会上指出，可解释性能让人工智能从炼金术变成化学。但由于缺乏可解释性，现有人工智能好比炼金术，精度高但不够科学严谨。费埃哲（FICO）、谷歌、伦敦帝国理工学院、麻省理工学院、牛津大学、加州大学欧文分校和加州大学伯克利分校等著名研究机构联合发起了"可解释人工智能挑战赛"。2019年计算机领域的各大顶级会议中，"可解释性"也备受关注。美国人工智能协会甚至还专门设立了研习会，邀请全球学者探讨"可解释性机器学习"的内涵及研究思路。谷歌云推出了解释人工智能服务（xAI），旨在帮助使用者开发可解释和包容性机器学习模型。脸谱也发布了深度学习可解释性工具Captum和PyTorch Mobile。

学者和业界人士还指出可解释性将是人工智能未来发展的重要方向。

PyTorch负责人、首席工程师和创建者苏米特·钦塔拉预测，如何向人类解释输出将是2020年更加值得人工智能社区关注的重要方向。清华大学孙茂松教授评论道，可解释性是整个人工智能领域目前面临的困境，第三代人工智能需要处理可解释性问题。在高德纳咨询公司给出的2019新兴技术成熟度曲线中，"可解释人工智能"被认为进入"期望膨胀期"，并被列入"十大数据与分析技术趋势"。

换脸、变音，人工智能技术滥用再惹法律伦理争议

2019年8月，一款名为"Zao-逢脸造戏"的换脸手机应用横空出世，在社交媒体上掀起了一阵换脸热潮。通过这款融合了人工智能技术的应用，就可以随意把自己的面孔"移植"到软件内提供的视频素材人物上。几天之内，该应用便冲上了苹果商店免费下载榜榜首。2019年11月，一个好莱坞明星圆桌对话的深度伪造视频刷爆了优兔网。视频中小罗伯特·唐尼、汤姆·克鲁斯、乔治·卢卡斯、伊万·麦格雷戈、杰夫·戈德布鲁姆等好莱坞明星对话行云流水，只不过"双下巴"的小罗伯特·唐尼和瘦弱的汤姆·克鲁斯让网民觉着"怪怪的"。原来，整个视频中的人物，除了主持人外，全部为"换脸"而来。视频是一个名叫对撞机（Collider）的电影网站利用深度伪造技术覆盖脸部制作而成。网民纷纷表示"被视频惊到"，难以辨别视频中的人物谁真谁假。

人工智能换脸应用受到用户热捧的同时，其安全隐患引发了法律和伦理层面的探讨。法律专业人士指出，换脸应用涉及侵犯著作权、肖像权、隐私权等诸多法律问题。"Zao-逢脸造戏"隐藏在用户协议中的霸王条款更是引发了网民的强烈不满。知名法律博主"法山叔"指出，该用户协议一方面过度攫取用户授权，用户一旦同意将自己的肖像权授权给Zao，即便有一天肖像被

转卖也无能为力；另一方面将涉嫌侵犯肖像权的责任也转给了用户，如果有人起诉被侵犯肖像权，Zao 可以称技术无罪，侵权的是使用换脸游戏的用户。人工智能换脸技术的风靡一度也引发美国政界的关注。2019 年 6 月，美国众议院情报委员会召开了关于人工智能深度伪造的听证会。美国外交政策研究院克林特·瓦茨认为，深度伪造技术或对诸如选举等政治活动造成潜在威胁；而诸如 DeepNude 等涉及色情的换脸应用还会带来伦理问题。

安全隐患一露头，"打假"行动便闻风而至。"Zao-逢脸造戏"在仅火爆了 3 天后，便被工业和信息化部约谈，很快各大应用商城对其下架封杀。2019 年 6 月，美国国会先后提出《深度伪造责任法案》和《2019 年深度伪造报告法案》，探索通过立法防范深度伪造技术潜在滥用风险。来自美国加州大学伯克利分校和南加州大学的研究人员也开始探索"打假"技术手段。他们打造的人工智能识别系统，能够从制假者未注意到的面部细节入手"揪出"假视频。2019 年 9 月，脸谱网宣布启动"深度伪造视频检测挑战赛"，豪掷 1000 万美元，联合微软、麻省理工学院、牛津大学、加州大学伯克利分校等一起开发新技术，帮助普通民众辨别人工智能假视频，以避免被误导或欺骗。

实际上，人工智能技术不仅使换脸成为可能，也使变音轻松实现。值得注意的是，变音频频被用于新型诈骗犯罪。2019 年 3 月，欧洲出现了首例人工智能合成声音诈骗案。犯罪分子使用人工智能技术成功模仿了英国某能源公司德国母公司首席执行官的声音，先后三次向英国子公司实施诈骗，诈骗金额高达 22 万欧元（约合人民币 173 万元）。我国多地也出现了犯罪分子利用语音合成技术实施微信诈骗的案件。受害人大多先是收到了骗子伪装的微信好友借钱信息，随后骗子通过合成、模仿微信好友声音"自证身份"，受害人听到语音确为"好友"后便放松了警惕，身陷骗局。此类语音诈骗案例先后登上了黑龙江、辽宁、湖南等地"净网 2019"专项行动案例榜，造成了恶劣的社会影响。技术的滥用还降低了诈骗成本。2019 年央视"3·15"晚会曝光了

"智能机器人拨打电话"现象。利用智能机器人拨打电话替代传统外呼。每个机器人8小时工作制可以完成800—1000通自动外呼，达到人工的3—5倍。即便被用户投诉，监管部门也无据可查。2019年，网络技术的打假与造假交替上演，道高一尺魔高一丈，持续搅动着舆论场。

忽悠、欺骗，新技术概念频遭炒作

随着新技术在各个领域的广泛应用，高科技企业借区块链、人工智能等东风收益颇多。与此同时，新技术作为时下最热门的标签，也被少数别有用心的人盯上。自从"区块链""人工智能"等概念火热以来，各种打着此类概念的"投资项目"就如雨后春笋般涌现。

一些企业或个人通过炒作高新技术意图营销牟利。

2019年5月，谷歌公司开发的人工智能Duplex被指大量使用人工。Duplex号称能够通过人工智能自动化地帮助用户打电话预订餐厅和发廊。然而，据《纽约时报》曝光，在通过Duplex拨出的电话中，约有25%是由人工打出，剩余的75%中还有15%受到了人为干预。

2019年6月，虚拟货币——"波场币"创始人孙宇晨宣布以475万美元（折合人民币3158万元）拍下与"股神"巴菲特的午餐。然而，就在午宴前两日，孙宇晨宣布因个人身体原因取消午宴。对于这一"放鸽子"事件，新浪微博知名财经博主"今纶"称，孙宇晨技术团队在虚拟币领域并没有什么技术创新，此举是为了借势营销，意图继续抬高币价、收割韭菜。

2019年8月，人工智能领域明星公司Engineer.AI被前首席商务官罗伯特·霍尔德海姆以及多名现员工、前员工曝出用人力充当人工智能。该公司此前声称，在人工智能的帮助下，无须任何技术，只要提供想法，每个人都能成为扎克伯格和张小龙，创造出脸谱和微信这样的程序。然而，该公司实则以"码农"充当人工智能,体力化地完成着声称"智能化生成"的代码编写工作。而在此前,Engieer.AI已打着人工智能的旗号获得了高达2950万美元的A轮投资,创下欧洲A轮融资的最高纪录。

2019年9月,穿梭在美国加州伯克利大学的"网红"送餐人工智能机器人Kiwibot被《旧金山纪事报》指雇佣人工操作。创始人被指通过雇佣哥伦比亚工人为机器设定"路径点"和发送指令完成送餐。

更有一些企业或个人假借名号,以莫须有技术行诈骗之事。

2019年3月,全国网络诈骗信息举报平台接到举报,有不法分子打着人工智能技术旗号,利用所谓可以自动赚钱的"人工智能机器人合约APP"实施诈骗。据称该"机器人"只需要一次登录,无须开手机,服务器便可自动帮助完成挂机任务赚钱。然而,当受害者付钱并下载该"机器人"后,却发现根本无法打开。

2019年8月,上海市浦东网警通报虚拟宠物"比特猪"平台被立案侦查。该平台号称养虚拟猪能赚钱,实则是一个空壳游戏。平台通过骗玩家入场拉高虚拟币值,待玩家获得少量盈利并继续投资后,便关闭平台卷走玩家投资。类似崩盘的"比特"项目还有"比特蜜蜂""比特兔""区块撒""比特地主""比特十二生肖"等几十种。

2019年11月,广东珠海群众举报称在某理财直播间"老师"的指导下,投资所谓区块链,先后充值了近14万元后发现误入骗局。

面对层出不穷的技术炒作与诈骗,环球网指出,只要创业公司宣称自己用到了人工智能等高新技术就能多吸引15%—50%的资金。英国风投公司MMC Ventures统计,在这些带着人工智能等高新技术标签的公司中,约有40%不包含任何形式的高新技术。《中国青年报》直言,"我们还远没有到警惕人工智能威胁人类文明的时候,但在人工智能频频变成'智能人工'的今天,是时候警惕人工智能背后的人类了。"中国经济网评论道,随着区块链等技术成为社会关注焦点，投机炒作、市场操纵甚至违规违法等行为普遍，对公众认知形成了误导，对产业发展造成了干扰。

第三节 融合聚变智慧展现

物联网、云计算、区块链、大数据、人工智能、5G等技术的发展掀起了科技领域的"巨变"，这些新技术的融合产生了更大的"聚变"效应，深刻地改变了人们的生活。百度研究院在发布的2020年十大科技趋势中指出，多技术融合成为趋势，产业智能化让第四次工业革命的晨曦喷涌而出。

技术融合，"聚变"产生新动能

科技的发展改变了人们的生活，带来了便利。如今可以足不出户购买衣服和商品，快速获取穿搭技巧；可以实现家用电器互联互通——当用指纹打开门的一刻，智能灯亮了，智能空调调好了设定的温度，热水器已经开始加热；可以点一点手机在半小时内吃上热腾腾的饭菜；可以说说话控制车内各种设备……生活中的各类应用使得"物联网""5G""云计算""区块链""大数据""人工智能"等技术名词变得耳熟能详。每一项技术单独就已经足以令人瞠目，技术聚合则蕴含着更大的能量。

虽然众多新技术瞄准的问题各有侧重，但技术之间仍呈现出相辅相成、相互协同的态势。从层次结构上看，物联网处于第一层——感知层，主要用以感知和操控环境。5G处于第二层——传输层，擅长高效数据传输。区块链、云计算、大数据处于第三层——存储计算层，区块链擅长可信数据存储，云计算主要针对不同用户提供计算资源，大数据助力多源异构海量数据分析。

人工智能则位于第四层——决策层，提供智能决策支持。这其中，作为重要数据基础的物联网犹如燃料；作为重要传输保障的5G犹如助燃剂；云计算、区块链、大数据技术犹如点火器，释放数据资源的能量；而人工智能则犹如转换器，将大数据释放出的能量进一步转化为发展的新动能。

有鉴于技术的互补性，业界开始关注技术融合，"5G+""人工智能+""物联网+"等名词涌现。在获得5G商用牌照后，中国移动推出了"5G+AICDE"的融合创新思路，即持续推进5G与人工智能（AI）、物联网（IoT）、云计算（Cloud Computing）、大数据（Big Data）、边缘计算（Edge Computing）等新兴网络技术深度融合，发挥乘数效应。在德勤发布的《2019全球人工智能发展白皮书》中，将"人工智能+云计算""人工智能+区块链""人工智能+物联网""人工智能+5G""人工智能+量子计算"等视为人工智能创新应用的重要评估维度。小米创始人雷军积极推动"物联网+5G"，认为二者互为促进，在5G的发展中物联网是主要推动元素，而未来物联网市场在5G的推动下势必更加专业。

2019年，多项创新应用也展示了技术融合的魅力。2019年2月，百度融合云计算和区块链推出了百度区块链引擎BBE平台，该平台基于百度云支持百度超级链、以太坊、超级账本等多个框架。区块链即服务（Blockchain-as-a-Service, BaaS）有效降低了企业应用区块链的部署成本和初始化门槛。目前BBE平台已广泛应用于"物联网+"场景，解决了危化品物流、金融催收、资产证券化、金融信息共享等问题，赋能金融、保险、物流等多个行业。2019年5月，海尔发布了全球首个基于物联网和区块链技术的衣物全生命周期管理平台。平台通过射频识别标签和二维码标记衣物，品牌、原材料、工艺、设计等信息在区块链存证，向消费者展示了可信任的数据信息。2019年11月，在第二届中国国际进出口博览会上，"物联网+5G+云计算"在无人驾驶的应用引发了舆论关注。在室内的操控台上遥控方向盘，室外的汽车便可以行驶和转向。物联网负责感知汽车外部环境，5G通过超高传输速率将感知数据传至云计算处理中心，待计算完成后再依托低时延的5G技术，将操控指令发送给物联网中的控制模块操控汽车。网民感慨称，曾经以为的不可思议如今变为了现实。

场景融合，"聚变"传导新动能

技术的融合引燃了数据这一基础燃料，释放了其中的能量。当技术进一步与应用场景结合，这股能量又传导到了各个行业，带来了新体验与新模式。智能制造、智慧金融、智慧教育、智慧医疗、智慧城市、数字政府、智慧交通……这些包含"智慧"的名词与日常生活越来越近。

智能制造方面，我国进入先进型国家梯队。在十九大报告中，习近平总书记强调，"加快建设制造强国，加快发展先进制造业"。在利好政策推动下，我国智能制造稳步发展。中国电子技术标准化研究院在《全球智能制造发展指数报告》中指出，我国当前已处于智能制造第二梯队，属于"先进型"国家。在世界智能制造大会公布的"2019世界智能制造十大科技进展"中，我国航天科工集团旗下航天云网公司的"新一代人工智能技术引领下的云制造系统"和海尔工业智能研究院的"'智能+5G'大规模定制测试试验平台"获得殊荣。

智慧金融方面，技术推动银行变革。招商银行、中国建设银行、中国农业银行、交通银行、中国民生银行等纷纷着手布局。以招商银行为例，依托云计算和人工智能技术，招商银行构建了风控平台——"天秤系统"。当用户转账时，风控模型会基于实时、准实时数据高速运算，判断用户风险，并结合模型输出结果对用户采取核实身份手段，在交易过程中及时发现外部欺诈与伪冒交易。"天秤系统"上线半年，风险案件数降低了50%，损失减少了超亿元，处理能力提升了10倍。

　　智慧教育方面，人工智能自适应学习技术助力个性化教育。作为教育领域最具突破性的技术，人工智能自适应学习技术能够模拟老师对学生一对一教学过程，赋予学习系统个性化教学能力，提高学生学习效率。2016年以来，以新东方、好未来、松鼠AI等为代表的中国智适应教育企业兴起。2019年，松鼠AI更是进入德勤发布的"全球人工智能高速增长企业"名单，在全部中国企业中排名第一。据东方资讯报道，在2019年的高考中，广东省文理科前50名所在的33所中学中，有21所使用了智慧教育产品；安徽省高考文科前500名的学生中，超过70%使用了大数据个性化精准教学系统。

　　智慧医疗方面，2019年我国迎来了多个"首次"或"首例"。2019年1月，解放军总医院成功开展了世界首例5G远程手术测试，并于3月成功进行了首例5G远程人体开颅手术。2019年6月，四川长宁地震后，我国首次将5G应急救援系统应用于灾难医学救援。同月，北京积水潭医院的专家还通过5G智慧医疗云平台操控机器人，成功为山东烟台和浙江嘉兴的患者进行了手术，标志着我国5G和人工智能技术在医疗领域应用达到了新高度。

　　智慧城市方面，我国建设加速，目前已成为全球智慧领先国家。在"2019全球智慧城市大会上"，上海静安"151项目"获得中国赛区"城市精细化治理奖"，代表着中国新型智慧城市建设水平已被国际认可。智慧城市"上海样板"以数据汇聚和共享为途径，在交通、健康医疗、健康食品安全、环保、城市公共设施等5大领域形成了大数据创新应用，实现了城市运行状态的全域感知与状态精准监测。全球智慧城市大会首席执行官乌戈·瓦伦蒂称，上海是智慧城市建设的全球标杆，引领了全球智慧城市建设。

　　数字政府方面，数字政务和智能安防使得政府数字化、智慧化。政务服务是数字政府中最为核心和落地最快的应用之一。2019年，国人可以在支付宝上办理的事务已超过千类。阿里巴巴与全国30个省市区政府部门达成合作，覆盖了422个城市，服务了9亿用户。在上海，用支付宝刷脸就能查违章违规；在江西，"赣服通"支付宝小程序已经上线结婚证、离婚证、献血证等89种电子证件；在浙江，超过百万政府公职人员在"浙政钉"上办公。在公共安全领域，智能安防大大提升了公共安全管理力度。2019年6月，广州首个5G智慧新警务平台落地。通过综合运用"城市低空巡防"无人机、高空天眼和视频实时回传，能够在重大活动期间打造城市核心区域空地全方位一体巡逻。

　　智慧交通方面，网络技术助力交通管理、交通监控、车路协同。《经济参考报》评价称，2019年智慧交通迎来风口期。在交通管理方面，2019年9月贵州省贵阳市发布了全国首个驾驶人诚信系统，系统能够利用大数据技术从交通守法、安全行驶、信用履约、文明活动、基础信息等5个维度为每一位驾驶人计算交通信用，并对信用优秀的驾驶人提供应急出行、业务优先办理等信用权益。在交通监控方面，2019年8月高德地图发布了基于人工智能和大数据的城市交通智能分析、评价、诊断"明镜系统"。系统能够从多个维度对影响城市交通的因素进行扫描，提供一份城市交通运行"体检报告"，为精准化综合施策提供依据。在车路协同方面，基于车路协同的自动驾驶走向落地。2019年9月，湖南省长沙市启用了"开放道路智能驾驶长沙示范区"，并在全国率先进行车路协同自动驾驶批量载人测试。该示范区是国内第一个也是目前最大的自动驾驶示范区。

　　2019年，面对不容乐观的外部环境，我国网络技术屡迎"高光时刻"。5G、区块链、人工智能等技术革新不仅打开了行业发展新空间，也进一步延展了网络赋能的边界。技术的融合开始逐渐把制造、金融、教育、医疗、城市规划、政府管理、交通管理等领域带向智能化，掀起融合聚变的潮流。虽然技术革新与融合聚变伴生出隐忧与风险，但危中有机，这些问题也从侧面催生了网络技术前行的动力。滚滚向前的网络技术潮流将带给人类更多的可能与惊喜。